本书由广西知识产权培训基地建设项目（桂知专151844-2-5）资助

中小企业技术创新与知识产权战略

STRATEGY OF SMALL AND MEDIUM ENTERPRISES
TECHNOLOGY INNOVATION AND INTELLECTUAL PROPERTY

马 璐⊙著

经济管理出版社
ECONOMY & MANAGEMENT PUBLISHING HOUSE

图书在版编目（CIP）数据

中小企业技术创新与知识产权战略/马璐著. —北京：经济管理出版社，2016.12
ISBN 978-7-5096-4815-5

Ⅰ.①中… Ⅱ.①马… Ⅲ.①中小企业—技术革新—研究—中国 ②中小企业—知识产权—研究—中国 Ⅳ.①F279.243②D923.404

中国版本图书馆 CIP 数据核字（2016）第 298921 号

组稿编辑：胡　茜
责任编辑：胡　茜
责任印制：黄章平
责任校对：董杉珊

出版发行：经济管理出版社
　　　　　（北京市海淀区北蜂窝 8 号中雅大厦 A 座 11 层　100038）
网　　址：www.E-mp.com.cn
电　　话：（010）51915602
印　　刷：北京玺诚印务有限公司
经　　销：新华书店
开　　本：720mm×1000mm/16
印　　张：11
字　　数：169 千字
版　　次：2018 年 5 月第 1 版　2018 年 5 月第 1 次印刷
书　　号：ISBN 978-7-5096-4815-5
定　　价：49.00 元

·版权所有　翻印必究·
凡购本社图书，如有印装错误，由本社读者服务部负责调换。
联系地址：北京阜外月坛北小街 2 号
电　　话：（010）68022974　邮编：100836

前　言

在科学技术迅猛发展、经济日益全球化的大趋势下，知识产权已经成为中小企业参与竞争、求得生存与发展的重要战略资源。从世界范围看，中小企业在各个国家的经济发展中都占有举足轻重的地位，它们已经成为推动国民经济发展的重要力量。在某种意义上说，中小企业之间的竞争其实就是技术创新与知识产权的竞争，谁拥有了技术创新与知识产权的优势，谁就将占据市场的主动地位，就能在激烈的竞争中取胜。在开放式创新的背景下，先进国家通过技术创新与知识产权的战略组合，不断推出高新的技术产品和服务，从而在市场竞争中逐渐占据主导地位。例如，日本的索尼公司每年向社会上推出上千个具有自主知识产权的新产品，通过拥有专有权的知识产权，该公司在日本国内外市场获得了明显的竞争优势，并构筑了严密的专利保护制度。我国中小企业也同样必须提高运用知识产权战略的综合能力，同时提高自己的技术创新能力，依据技术创新能力、知识产权价值和所处的产业环境，选择适合的知识产权策略组合，并通过动态的调整，积极适应市场竞争，才能真正将知识产权的核心优势转化为企业独特的市场竞争优势。由此可见，中小企业技术创新与知识产权战略的推进需要从技术、市场和法律的三维坐标决定实施路线，规定知识产权的伸展空间，把握技术竞争的主动权。

本书主要从中小企业的技术创新和知识产权战略两个角度来展开。在技术创新方面，主要讲中小企业技术创新的实际意义、技术创新的主要类型、技术创新的途径、技术创新的模式选择及技术创新与知识产权之间的关系；知识产权战略的内容主要是从专利权战略、商标权战略、著作权战略、美日韩三个主要国家的知识产权战略部署给我们带来的启示与借鉴等几个方面展开的。该书的特色和创新点主要体现在以下几个方面：

一是从技术创新的视角,揭示了中小企业技术创新的重要意义以及技术创新的途径和模式。技术创新是中小企业生根立命的基础,然而我国中小企业普遍不重视技术创新或技术创新的意识比较薄弱。书中的相关观点和建议对中小企业树立技术创新意识、选择技术创新模式以及提高技术创新能力都有重要的启示作用。

二是详细阐述了技术创新与知识产权的战略协同关系。中小企业的技术创新与知识产权战略不是孤立的两个部分,两者存在内在的紧密联系。知识产权战略可以很好地保护企业的技术创新成果,书中的建议也有效地指导了中小企业如何利用知识产权战略去保护企业的技术创新成果。

三是突出了知识产权战略的专利权战略、商标权战略以及著作权战略。为中小企业具体实施知识产权战略提供了有益的指导。本书含有大量的方法指导和操作内容介绍,不仅理论基础深厚,操作性也比较强。此外,大部分章节后面附带课外案例,辅助理解书中的内容,让中小企业能够从自身的角度去思考企业的技术创新与知识产权战略的不足,从而加以改进。

四是本书的阅读性比较强,内容言简意赅,受益群体比较广泛。知识产权目前已不仅是法律问题,更是经济和管理问题的集中体现。因此,本书从中小企业的技术创新和知识产权战略两个方面入手,让更多的中小企业相关工作人员深入浅出地理解书中的知识,认识到自身企业的优劣势,并在工作中创造性地解决企业存在的问题,更有效地指导创新实践。

本书在写作过程中参考了很多知名学者的著作,受到了许多专家学者的启迪,在此向给本书提供有益理论和案例的机构和个人表示感谢。当然,由于学者的学识水平所限,书中的不足、错误在所难免,恳请广大读者批评指正。

目 录

第一章 技术创新概论 ··· 1

    第一节 创新及技术创新的概念、特性与类型 ···························· 1

        一、创新的概念及意义 ··· 1

        二、技术创新的概念 ·· 2

        三、技术创新的特性 ·· 3

        四、技术创新的类型 ·· 4

    第二节 中小企业技术创新的重要意义 ······································ 8

        一、中小企业的含义 ·· 8

        二、中小企业技术创新的意义 ··· 10

    第三节 中小企业技术创新战略 ··· 12

        一、中小企业战略管理的必要性 ··· 12

        二、中小企业技术创新战略 ··· 12

第二章 知识产权概论 ·· 16

    第一节 知识产权概述 ··· 16

        一、知识产权的含义 ·· 16

        二、知识产权的范围 ·· 17

        三、知识产权的特征、价值 ··· 19

    第二节 中小企业知识产权的现状 ·· 22

        一、知识产权观念不强 ··· 22

        二、知识产权管理和保护能力不足 ······································ 22

        三、知识产权流失严重 ··· 23

第三节　中小企业的技术创新优势与知识产权保护对策 …………… 23
　　　一、中小企业的技术创新优势 …………………………………… 23
　　　二、中小企业技术创新的知识产权保护政策 …………………… 24
第四节　中小企业知识产权管理原则 …………………………………… 25
　　　一、ISO9000 ……………………………………………………… 26
　　　二、借鉴 OHSAS18000 标准对知识产权
　　　　　管理标准进行优化设计 ……………………………………… 27

第三章　中小企业知识产权战略管理 …………………………………… 31

第一节　中小企业知识产权战略概论 …………………………………… 31
　　　一、企业知识产权战略管理含义 ………………………………… 31
　　　二、企业知识产权战略类型（含 SWOT 分析） ………………… 32
　　　三、企业知识产权战略的特点 …………………………………… 35
第二节　企业知识产权战略的制定与实施 ……………………………… 36
　　　一、企业知识产权战略的制定过程 ……………………………… 36
　　　二、企业知识产权战略模式的选择 ……………………………… 38
第三节　我国中小企业知识产权管理的基本问题与解决方案 ………… 39
　　　一、中小企业知识产权管理的基本问题 ………………………… 39
　　　二、中小企业知识产权战略实施的问题的解决方法 …………… 40

第四章　中小企业技术创新与知识产权战略 …………………………… 46

第一节　中小企业技术创新与知识产权制度的关系 …………………… 46
　　　一、企业技术创新的市场激励：利益驱动和竞争驱动 ………… 46
　　　二、技术创新的保障制度——知识产权保护体系 ……………… 47
　　　三、知识产权保护制度能促进技术创新资源的优化配置 ……… 47
第二节　我国中小企业技术创新模式的选择及
　　　　知识产权保护制度的完善 …………………………………… 48
第三节　中小企业技术创新与知识产权战略的互动关系 ……………… 51

第五章　中小企业技术创新与专利战略 ………………………………… 59

第一节　专利权管理 ……………………………………………………… 59

目 录

　　一、专利权管理概述 ·· 59
　　二、专利权人的权利 ·· 62
　　三、专利权人的义务 ·· 63
　　四、专利权的效力 ·· 63
　　五、专利权的期限 ·· 64
　　六、专利权的限制 ·· 64
　第二节　专利权的获取管理 ·· 65
　　一、积极条件 ·· 65
　　二、消极条件 ·· 67
　　三、提交材料 ·· 68
　　四、评估程序 ·· 69
　　五、办理时限 ·· 69
　第三节　企业专利战略的制定 ······································ 69
　　一、企业技术研发中专利文献检索应用策略 ······················ 69
　　二、专利分析方法 ·· 78
　　三、专利分析在技术研发中的作用 ································ 79
　第四节　技术创新与专利战略 ······································ 81
　第五节　中小企业技术创新中的专利战略应用 ······················ 81
　　一、企业专利技术研究、开发的战略定位 ·························· 82
　　二、企业专利技术研究、开发中专利战略的运用 ·················· 84

第六章　中小企业技术创新与商标战略 ······························ 88

　第一节　企业商标战略的制定与实施 ································ 88
　　一、企业商标战略的概念与特点 ·································· 88
　　二、企业商标战略的构成要素 ···································· 89
　　三、企业商标战略的制定 ·· 91
　　四、企业商标战略的实施 ·· 93
　第二节　中小企业技术创新中的商标战略运用 ······················ 94
　　一、企业商标设计、选择战略 ···································· 94
　　二、中小企业商标申请及使用策略 ································ 96

三、中小企业商标的保护 …………………………………………… 101

第七章　中小企业技术创新与著作权战略 …………………………… 104

第一节　企业著作权战略的相关介绍 …………………………………… 104
一、企业著作权战略的概念与意义 …………………………………… 104
二、企业著作权战略的目标 …………………………………………… 105

第二节　企业著作权战略的实施 ………………………………………… 105
一、企业著作权创造战略 ……………………………………………… 105
二、企业著作权运营战略 ……………………………………………… 106
三、企业著作权保护战略 ……………………………………………… 108

第八章　中小企业技术创新与知识产权战略中法律的应用 ………… 112

第一节　专利权的法律应用 ……………………………………………… 112
一、专利权的侵权与保护 ……………………………………………… 112
二、专利权侵权救济 …………………………………………………… 114
三、闲置专利权的使用 ………………………………………………… 116

第二节　商标权的保护 …………………………………………………… 117
一、商标权保护的法律范围 …………………………………………… 117
二、中小企业商标权的保护途径 ……………………………………… 118

第三节　《反不正当竞争法》 ……………………………………………… 120
一、《反不正当竞争法》的主要内容 …………………………………… 121
二、《反不正当竞争法》在知识产权侵权行为中的应用 ……………… 122

第四节　《反垄断法》 ……………………………………………………… 125
一、滥用知识产权排除、限制竞争行为的界定 ……………………… 126
二、反垄断法与知识产权法的关系 …………………………………… 126
三、滥用知识产权排除、限制竞争行为的具体表现 ………………… 127

第九章　国外中小企业技术创新与知识产权战略及其对我国的启示 …… 133

第一节　美国中小企业技术创新与知识产权战略 ……………………… 133
一、美国中小企业技术创新概述 ……………………………………… 133

二、美国中小企业知识产权战略 ……………………………… 135
第二节　日本中小企业技术创新与知识产权战略 ………………… 137
　　一、日本中小企业技术创新概述 ……………………………… 137
　　二、日本中小企业的知识产权战略 …………………………… 139
第三节　韩国中小企业技术创新与知识产权战略 ………………… 142
　　一、韩国中小企业技术创新概述 ……………………………… 142
　　二、韩国中小企业的知识产权战略 …………………………… 144
第四节　对我国中小企业实施知识产权战略的启示与借鉴 ……… 146
　　一、营造良好的中小企业知识产权战略实施环境 …………… 146
　　二、合理选择适合中小企业的知识产权战略 ………………… 148
　　三、构建中小企业的知识产权战略管理体系 ………………… 150

第十章　我国知识产权战略公共政策的完善 ……………………… 152

第一节　文化政策 …………………………………………………… 152
　　一、文化事业的发展规划与知识产权战略 …………………… 152
　　二、文化产业规划与知识产权战略 …………………………… 152
　　三、文化市场发展规划与知识产权战略 ……………………… 153
　　四、公益性文化政策与知识产权战略 ………………………… 153
第二节　教育政策 …………………………………………………… 153
　　一、高等学校知识产权促进与管理政策 ……………………… 153
　　二、知识产权人才培养政策 …………………………………… 154
第三节　科技政策 …………………………………………………… 154
　　一、科技投入政策与知识产权战略 …………………………… 154
　　二、自主创新政策与知识产权战略 …………………………… 155
第四节　产业政策 …………………………………………………… 155
　　一、高科技产业促进政策与知识产权战略 …………………… 155
　　二、对外贸易政策与知识产权战略 …………………………… 156

参考文献 ………………………………………………………………… 158

第一章 技术创新概论

第一节 创新及技术创新的概念、特性与类型

当今社会竞争日益激烈,企业不是在社会中生存下去,就是在竞争中被毁灭。如何在社会中更好地生存下去,是每一个企业都要思考的问题。企业要生存下去,必须要满足消费者的需求。随着社会的不断进步,人们的消费观念在日益变换。因此,企业必须通过创新,紧跟时代的步伐,在竞争中获得永续生存的权利。

一、创新的概念及意义

何为创新呢?根据熊彼特的观点,创新有五层含义:
(1)采用一种新的产品。
(2)采用一种新的生产方法。
(3)开辟一个新的市场。
(4)掠取或控制原材料或半成品的一种新的供应来源。
(5)实现任何一种工业的新的组织。

可以看出创新的概念是很广阔的,不单是我们以为的产品创新才是创新。企业创新的目的在于使单位产品的费用减少,从而在现有的价格与新的成本之间创造一个差额,即利润。可以这样说,企业创新的高度就决定了其在行业中的高度。

创新在企业中是必需的。创办一个新的企业是很困难的,缺乏工人、训练有素的职员、必要的市场条件,且存在一种社会和政治因素及人们对新企

业本身的未知性。倘若有人解决了上述所有的问题，成功创办一个新企业，他就能取得利润，获得成功。但他同时也为别人奏了凯歌，照明了路径，并创造了一个别人可以仿效的楷模。别人能够也愿意效仿他。开始时，是一些个别的人，后来则是成群的人在效仿他。于是，新企业创办后所形成的利润空间将会被瓜分，最后将消失殆尽，企业家将面临无利可图的局面。倘若不依靠创新使企业保持永久的活力，创造新的利润空间，那么企业只能一步步走向衰亡的深渊。

创新是一个企业不竭生命动力的来源。正所谓"问渠哪得清如许？为有源头活水来"。一个不知创新而只知墨守成规的企业，最终会被市场所淘汰掉，会被消费者所摒弃。因为社会是不断进步的，时代是不断发展的，人的需求也是在不断变化的。若一个企业满足不了消费者的需求，不能跟上时代的步伐，必将会从市场上被毁灭，从消费者眼中消失。只有懂得随市场改变而不断进行创新的企业，才能在市场中获得永恒的生命。

创新是一个企业增强竞争力的法宝。企业生存的目的便是利益。在相同销售价格和质量的情况下，谁的生产成本较低，谁就有降低销售价格的空间，谁就可以占据更大的市场，获得在市场中永存的权利。降低成本的关键便是创新。如果在同一领域内的所有企业都采用同一种生产方式，生产同一种产品，涉足同一市场，原材料都来自同一产地，且生产组织是相同结构，那么降低生产成本几乎是不可能完成的任务。如果我们利用自己的创新意识，改进生产方式与生产的组织结构，改良生产的产品，开辟和寻找新的原料产地与市场，那么我们便有足够的空间来降低成本，从而增强在市场上的竞争力，来获得巨额的利润和在市场上永存的权利。

二、技术创新的概念

技术创新是指以现有的知识和物质，在特定的环境中，改进或创造新的事物，包括但不限于各种方法、元素、路径、环境等，并能获得一定有益效果的行为。

创新包括工作方法创新、学习创新、教育创新、科技创新等，科技创新只是众多创新中的一种，科技创新通常包括产品创新和工艺方法等技术创新，因此技术创新是科技创新其中的一种表现方式，是改进现有或创造新的产品、生产过程或服务方式的技术活动。重大的技术创新会导致社会经济系统的根本性转变。技术创新包括新产品和新工艺,以及原有产品和工艺的显著技术变化。如果在市场上实现了创新,或者在生产工艺中应用了创新,那么创新就完成了。

三、技术创新的特性

(一)技术创新具有高风险性

技术创新活动涉及许多相关环节和众多影响因素,从而使创新的结果呈现随机性,这意味着技术创新带有较大的风险性。技术创新之所以是一项高风险的活动,是因为技术创新需要相应的投入,而且这种投入有时不局限于技术的研究开发阶段,还可能延伸到生产经营管理阶段和市场营销阶段,如投资生产设备、培训生产工人、开辟营销网络等。这些投入能否顺利实现价值补偿,则受到许多不确定因素的影响,既有来自技术本身的不确定性,也有来自市场、社会、政治等的不确定性,这就可能使技术创新的投入难以得到回报。

(二)技术创新具有创造性或先进性

技术创新既然是把新技术应用于生产经营活动中的一个过程,它就必须具有创造性或先进性。这种创造性或先进性首先表现在所应用的技术是前所未有的新技术,或者是现有技术中的某些改进,从而使旧技术更加完善,应用效果有明显的提高。其次表现在技术创新过程中,技术创新过程是企业家对生产要素的新组合的过程。在这个过程中,企业家创造性地把新技术应用于生产经营的实践活动中,实现了技术形态的转化。

不具有创造性或先进性的技术创新是原有技术的低级重复,难以生产出满足变化的市场需求的商品,难以提高企业的竞争力。只有具有创造性或先进性的技术创新,才能使创新者占领竞争的制高点,赢得竞争的胜利。然而,还有必要强调,在实际技术创新的过程中,除了要强调技术创新的创造性和先进性外,还必须考虑其适应性和可行性。

(三)技术创新具有并行性

这可以概括为对产品及其下游的生产和支持全过程中实施的并行一体化设计的系统方法。技术创新的并行化不仅体现在企业在内部对技术创新元素做同步化安排，如设计开发、制度组织、制造工艺和营销服务等的并行化，并逐渐扩展到企业外部创新元素及影响因素的同步化安排，如对技术发展预测、利用外部资源的比较优势进行人才培养、合作研发、生产、销售等。

（四）技术创新主体合作化

合作创新是指两个或两个以上的企业或机构凭借各自技术力量合作实施的创新。教育、政策、人才等存在地区差异性，导致创新资源存量和增量的区域性不均衡，再加上技术创新本身的复杂性，已使个别企业的创新资源无法完全覆盖创新所涉及的所有技术领域，多技术和多领域支持已成为技术创新成功的条件之一。合作创新是社会分工的必然结果，以自己的比较优势参与合作，在创新资源的流动和共享中充分利用"全球研究村"的便利已成为企业的明智选择，出现了跨地区、跨行业、跨国界的合作创新。很多跨国公司利用区域比较优势建立企业内研发全球网络，有效地利用国外公司、大学和其他科研机构等技术资源，寻求研究与开发的低成本，实现"互惠专业化"效应。

除了以上罗列出来的之外，技术创新还具有社会溢出效应，在技术创新过程中要投入大量的科学技术资源、自然资源和社会经济资源，需要社会上众多人群的共同努力，才能生产出新的物质产品和知识产品。而且创新成果不局限于一国一地范围内的传播和共享，重要的创新将迅速扩散到全球，为全社会共同享有；知识和能力支持下的内在性，使在研究、开发设计、生产制造、销售等创新的每一个环节，都需要相应的知识和能力的支持。自主创新不仅是内生的且创新持续过程也主要是依靠自身的力量推进的。此外，自主创新过程也为创新者本身提供了积累知识和能力的良好环境；经济效益和环境效益上的显著性，使综合国力的竞争本质是科技实力的竞争。目前，全世界86%的研发投入、90%的发明专利都掌握在发达国家手里。发达国家及其跨国公司凭借科技优势和建立在科技优势基础上的国际规则，形成了对世界市场特别是高新技术市场的高度垄断，牢牢把持着国际产业分工的高端，获取超额利润。我国许多产业尽管在规模上不断扩大，但由于缺乏核心技术，失去了许多应得的利益。

四、技术创新的类型

技术创新的类型有很多种分类，这里主要介绍三种分类：第一种，按照

第一章 技术创新概论

技术创新的对象划分为产品创新和工艺创新;第二种,按照企业创新方式划分为原模仿创新、合作创新和自主创新;第三种,按照技术创新方式划分为原始创新、集成创新、引进消化吸收再创新。如表1-1所示。

表1-1 技术创新的分类

分类准则	分类项目
技术创新对象	产品创新、工艺创新
企业创新方式	原模仿创新、合作创新、自主创新
技术创新方式	原始创新、集成创新、引进消化吸收再创新

(一)产品创新和工艺创新

根据技术创新的对象不同,技术创新可以分为产品创新和工艺创新。

1. 产品创新

建立在产品整体概念上以市场为基础导向的系统工程,是功能创新、形式创新、服务创新多维交织的组合创新。产品创新的模式有率先创新和模仿创新两种模式。率先创新是指企业依靠自己的努力,自主地实现掌握核心技术,能率先进入市场;而模仿创新是指企业通过模仿别的企业的创新模式,吸取他们成功与失败的经验,或者是引进相关的核心科技。

罗伯特·库伯在《新产品开发流程管理》中列出了六种不同类型或是不同级别的新产品。

(1)全新产品。此类产品是市场上同类产品的第一款产品,开拓了新市场。这种产品占总产品数量的10%。

(2)新产品线。这些产品对消费者来说并不新鲜,但对于有些厂家来说是新的,约有20%的新产品归于此类。

(3)已有产品品种的补充。这些新产品属于工厂已有的产品系列的一部分。对市场来说,它们也许是新产品。此类产品是新产品类型中较多的一类,约占所推出的新产品的26%。

(4)老产品的改进型。这些不怎么新的产品从本质上说是工厂老产品品种的替代。它们比老产品在性能上有所改进,提供更多的内在价值,该类新改进的产品占推出的新产品的26%。

(5）重新定位的产品。适于老产品在新领域的应用，包括重新定位于一个新市场，或应用于一个不同的领域，此类产品占新产品的7%。

（6）降低成本的产品。将这些产品称作新产品有点勉强。它们被设计出来替代老产品，在性能和效用上没有改变，只是成本降低了，此类产品占新产品的11%。

2. 工艺创新

（1）围绕提高产品质量等级品率的工艺创新。产品质量等级品率表征生产出产品的质量。通过工艺创新管理，能够有效降低次品率。如在产品的检测方面，采用高速摄像机，通过放慢过程来实现对产品的监控，就是一种十分有效的工艺创新，这样能够提高产品的监控效果。

（2）围绕减少质量损失率的工艺创新。质量损失率是一定时期内企业内部和企业外部质量损失成本之和占同期工业总产值的比重，是表征质量经济性的指标。企业需要通过工艺创新来减少废品，如循环使用技术能够节约企业大量的成本。

（3）围绕提高工业产品销售率的工艺创新。工业产品销售率是一定时期内销售产值与同期现价工业产值之比，它反映了产品质量适应市场需要的程度。通过工艺创新，企业既能生产独具魅力的物化产品，又能提供优质的服务产品，就能吸引顾客、拓展市场、扩大销售。如海尔公司，通过低碳科技，减少了在生产过程中的能耗，这种低碳科技反映在产品中与产品创新相结合，生产出低碳环保的产品，受到消费者的青睐。

（4）围绕节约资源、降低成本的工艺创新以及围绕有益于环境的工艺创新。传统自然资源日益匮乏，通过改进原有工艺，科学、合理、综合、高效地利用现有资源，或是采用新工艺、开发利用新的资源，可以使企业节约能源、降低物耗能耗、降低产品成本。

低污染或无污染成为社会、政府和人民对企业生产及其产品的越来越突出的要求，通过工艺创新，企业可以减少生产过程的污染，提供无污染的产品。

3. 产品创新和工艺创新的关系

（1）产品创新制造产品的差异化，工艺创新可以降低企业的成本。

（2）工艺创新相对系统，产品创新相对独立。

(3) 工艺创新通常伴随着组织结构和管理系统的重大变革，产品创新一般是独立于组织系统实施的。

(4) 产品创新向市场提供产品，工艺创新只在少数情况下面向市场。

(5) 产品创新的成本费用通过销售收入得到补偿，工艺创新的成本多数情况是通过折旧、生产率提高得到补偿。

(6) 在产品的生命周期，两者的作用变化不同。

(7) 产品创新和工艺创新存在一定的依赖性和交互性。

（二）模仿创新、合作创新和自主创新

按企业创新的方式划分，企业的技术创新又可分为模仿创新、合作创新和自主创新。

(1) 模仿创新是在已有创新成果的基础上，通过合法的方式和手段，如通过购买专利技术或专利许可的方式，引进其技术和创新的成果，并在其基础上进行一些改进的一种创新形式。模仿创新并不是简单的仿造，而是有所发展、有所改善。

然而，模仿创新战略有诸多不足之处，主要的不足是被动性。由于模仿创新者不从事研究开发方面的探索和超前投资，因此在技术方面有时只能被动适应，在技术积累方面难以进行长远的规划。在市场方面，被动跟随和市场定位经常性的变换也不利于创新成果扩散的巩固和发展。随着知识产权保护意识的不断增强，专利制度的不断完善，要获得效益显著的技术显然更不容易了，而且新技术也并不总是能够轻易被模仿。

值得注意的是，模仿创新不能侵犯被模仿者的知识产权。我们反对那种把外观、名称和商标等做得与被模仿产品完全一样的假冒国外名牌商品的"模仿"行为，这是违法行为，是会受到法律追究的，是不道德的。

(2) 合作创新必须坚持以合作伙伴的共同利益为基础，以资源共享或优势互补为前提，有明确的合作目标、合作期限和合作规则，合作各方在技术创新的全过程或某些环节共同投入、共同参与、共享成果、共担风险。合作的成员之间可以是供需关系，也可以是相互竞争关系。它是在全球性技术竞争不断加剧、企业创新活动越来越复杂的情况下做出的必然选择。有调查显示，技术创新主要的成果来自中小企业。中小企业机制灵活、市场嗅觉灵敏、勇于冒险。这些特质使其成为技术创新的一支生力军。但是，中小企业是企业群体中的弱者，很多科技企业创业者有创意、有知识，但缺乏资金和商业运作经验，因此采用合作创新不失为一种明智的选择。即使是大型企业，合作创新也是常用的创新形式。

（3）自主创新是指以获取自主知识产权、掌握核心技术为宗旨，以我为主发展与整合创新资源，进行创新活动，提高创新能力的科技战略方针。

（三）原始创新、集成创新、引进消化吸收再创新

按企业创新技术采取的方式不同，我国中长期发展规划将技术创新分为原始创新、集成创新、引进消化吸收再创新。

（1）原始创新是指重大科学发现、技术发明、原理性主导技术等原始性创新设计。

（2）集成创新是指将已有技术、已有知识产权（如有效专利）和部分创新技术，系统化地组合成一个新的创造性方案的研发行为。

（3）引进消化吸收再创新是指在引进国内外先进技术的基础上，学习、分析、借鉴，进行再创新，形成具有自主知识产权的新技术。

由于技术创新的类型根据不同的分类方法会得出不同的分类结果，因此很多专家对不同的分类有不同的观点。但是，这些都不重要，重要的是某种分类能够达到促进技术创新的目的，有利于科学研究的目标，这种分类就是一种恰当的分类。技术创新是一个国家、一个企业得以不断发展的动力，古往今来，技术创新不断推进人类的进步。技术创新的水平也逐渐提高，人们也越来越关注环境保护问题，技术创新的伦理学正在发展。所以，我们需要用辩证的观点来看待技术创新与其分类，积极寻找正确的方法，改善企业的发展，进而推动社会进步。

第二节　中小企业技术创新的重要意义

一、中小企业的含义

中小企业不是一个绝对的概念，而是一个与大企业相对而言的概念。从理论上讲，中小企业一般是指规模较小的或处于创业阶段，规模在规定

标准以下的法人企业和自然人企业。由于经济发展情况不同,世界各国对中小企业的具体确认标准和办法也不同,有的国家以法律形式规定中小企业确认标准,有的国家没有统一的确认标准,只是在确定相关政策时加以规定,但一般都是以雇员人数、营业额、资产总额中的一项或几项指标来确认中小企业的。目前,中小企业在国际上还没有一个普遍接受或一致认同的定义。

中小企业一般要有以下特点:

(1) 独立经营管理,所有权和经营权不分离;

(2) 通常不以股票等形式筹措外部资金,而以商业信用等途径积累资金;

(3) 规模较小,拥有的市场份额较小;

(4) 与地域经济有密切联系,活动范围主要在地方性市场。

2009年,商务部、发改委、财政部、国家统计局根据《中华人民共和国中小企业促进法》,联合发布了《中小企业标准暂行规定》,对中小企业的划分做出了详尽的规定。本规定是以从业人数、销售额和资产总额三项指标为划分依据,并且结合行业特点来制定的。我国中小企业的具体划分标准如表1-2所示。

表1-2 我国中小企业的界定和划分标准

行业名称	指标	中型企业	小型企业
工业企业	从业人员	300~2000人	300人以下
	销售额	3000万~30000万元	3000万元以下
	资产总额	4000万~40000万元	4000万元以下
建筑业企业	从业人员	600~3000人	600人以下
	销售额	3000万~30000万元	3000万元以下
	资产总额	4000万~40000万元	4000万元以下
批发业企业	从业人员	100~200人	100人以下
	销售额	3000万~30000万元	3000万元以下
零售业企业	从业人员	100~500人	100人以下
	销售额	1000万~15000万元	1000万元以下

续表

行业名称	指标	中型企业	小型企业
交通运输业企业	从业人员	500～3000 人	500 人以下
	销售额	3000 万～30000 万元	3000 万元以下
仓储和邮政业企业	从业人员	400～1000 人	400 人以下
	销售额	3000 万～30000 万元	3000 万元以下
住宿和餐饮业企业	从业人员	400～800 人	400 人以下
	销售额	3000 万～15000 万元	3000 万元以下

二、中小企业技术创新的意义

党的十七大以来，技术创新就成为国家发展战略的核心，是提高综合国力的关键。要坚持走中国特色自主创新道路，把增强自主创新能力贯彻到现代化建设的各个方面。提高自主创新能力，建设创新型国家，是顺应时代特征、事关中国经济建设和社会发展全局的战略选择。由此可见，提高技术创新能力和水平在当今中国已刻不容缓，而企业作为一个国家国际竞争力的重要体现，对技术创新的重视与否将直接决定企业的发展前景。

技术创新为企业创新活动的核心内容，它为组织的实施和过程管理提供必要的支撑和保障，越来越多的公司认识到了其重要性。世界上很多大的跨国企业每年的研发投入都高达数十亿美元，主要用于支持自己的强大研发机构和团队的创新实践，使企业保持旺盛的创新活力，在国际市场竞争中成为赢家。近年来，我国的大型企业华为、海尔、联想等公司也加大了研发投入。更令人惊奇的是，我国中小企业也锐意技术创新，在市场竞争中获取高效益回报。如分布在世界各地高新技术开发区中的大量中小企业，都是以自身的技术创新成就来创业发展，成为今天以知识为基础的经济发展最重要的部分。

中小企业技术创新是我国技术创新体系的重要组成部分。新兴的中小企业拥有充沛的活力，与正处于改制阶段的国有大型企业相比对市场的适应性更强，创新更有动力。截至 2004 年底，我国中小企业的数量已占全国企业总量的 99%。繁荣昌盛的中小企业在我国经济发展中处于举足轻重的地位，而中小企业的持续成长与发展离不开技术创新的支撑，中小企业技术创新自然而然地成为我国技术创新体系的重要组成部分。

中小企业技术创新有利于科技成果转化，促进科研体制改革。中小企业由于受资金、规模、技术的限制，自主创新的能力较低，以模仿创新与合作创新为技术创新的主要模式，对技术转移的依赖性很高。中小企业对各类科技成果的大量需求形成了规模庞大的科技成果交易市场，大力推动了科技成果的商品化、产业化进程。中小企业在吸收先进科技成果的同时，也从高校、科研院所等单位吸引了大量的科技人员进入企业参与技术创新活动，组织企业的研发工作，促进了科研体制的改革。

中小企业在高新技术产业中更具有创新优势。以信息技术为代表的科学技术的迅猛发展直接导致了高新技术产业的崛起和高新技术企业的发展。高新技术企业的出现打破了传统产业的成长模式，与传统产业相比，高新技术产业对土地、生产资料、资金等生产要素的投入要求要低得多，而对人力资本和知识有很高的要求，如微软、苹果等企业最初创业的资金都很少。这无疑有利于中小企业在高新技术产业领域内的创立与创新。同时，在科技发展的带动下，消费者追求个性的心理越发强烈，市场需求的多样性为高新技术中小企业的技术创新提供了无限的机遇与空间。此外，信息技术革命则为中小企业通过网络等手段在高新技术领域内进行技术创新开辟了一条捷径。

技术上的创新在产品的生产方法和工艺的提高过程中起到了举足轻重的作用。一方面，技术创新提高物质生产要素的利用率，减少投入；另一方面，又通过引入先进设备和工艺，从而降低成本。在企业的竞争中，成本和产品的差异化一直都是核心因素，技术的创新可以降低产品的成本，同样，一种新的生产方式也会为企业的产品差异提供帮助，如果企业能够充分利用其创新能量，就一定能在市场中击败对手，占据优势地位。当然，技术创新本身具有高投入、高风险性，因此在技术创新的过程中，必须通过建立良好的市场环境和政策条件，才能充分激发企业创新的内在动力，为企业创造最大价值。

第三节 中小企业技术创新战略

一、中小企业战略管理的必要性

中小企业实现自身发展的重要需求由于中小企业在发展过程中面临诸多问题，因此其必须要通过实施有效的战略管理来实现自身发展的需求。首先，战略管理有助于转变中小企业传统的发展理念和模式。中小企业由于受到自身发展理念的限制，其在现代市场发展过程中依然沿袭着传统的发展理念及模式，对其发展造成了很大的不利影响，因此实施战略管理是其转变发展理念和模式的重要基础和关键所在。其次，战略管理是中小企业提升品牌影响力的必然要求。中小企业在品牌建设方面存在事实上的难度，有效的战略管理包括在品牌方面的建设和创新，是中小企业在未来发展过程中的重要因素，对其市场竞争力状况具有关键性的影响。再次，战略管理是中小企业吸引先进人才的必然要求。中小企业由于各种因素，其在发展过程中难以吸引和留住关键性的人才，因此其自身的各项发展难以被有效满足，实施战略管理将进一步完善其人力资源管理措施，有助于其引进更多的先进人才，实现自身的发展需求。最后，战略管理是中小企业实现现代化管理模式的必然要求。有效的管理模式是中小企业实现自身发展的关键所在，传统的管理模式已经不适应中小企业在现代市场中的发展，所以必须要通过战略管理来转变传统的管理模式，进而实现自身的发展。

二、中小企业技术创新战略

中小企业技术创新可以分为宏观策略和微观策略。宏观策略可以分为：建立完善的法律体系、拓展中小企业的融资渠道、政府加强优惠政策和扶持力度、中小企业的产业集群技术创新体系；微观策略可以分为：选择合适的技术创新形式、以市场需求为导向技术创新、构建创新网络，加强知识产权保护意识。

（一）建立完善的法律体系

国家政府要为企业技术创新创造良好的环境，通过法律手段规范市场，建立一个开放、统一、有序公平竞争的市场环境。在思想观念上，政府应从管理部门推动为主转变为企业为主；在管理方式上，从计划调控为主转变为政策引导及市场引导为主；在工作内容上，通过运用法律手段支持和鼓励中小企业的技术创新。建立健全适应市场经济体制、符合中小企业经济利益的法律法规体系。尤其是知识产权的法律，因为知识产权比任何实物资产都更容易被盗窃、复制和侵权。实际上，知识产权保护缺位已成为中国企业技术创新的一大障碍。中小企业从资金和自身的承受能力来讲，更需要加大知识产权的保护力度。保护是对创新最好的促进。建议政府尽快完善知识产权政策和法律，尤其加大对知识产权侵权的执法力度，减少维护知识产权成本。加强知识产权宣传力度，倡导人们树立尊重和保护知识产权的意识。

（二）拓展中小企业的融资渠道

政府应该进一步深化现有金融体制改革，加快国有银行向商业银行转变的步伐，促使其面向更多的企业尤其是中小企业，减少金融机构对中小企业的歧视，还可以采取贴息等措施来鼓励中小企业进行技术创新，为中小企业的发展和进行技术创新活动提供资金保障。

（三）政府加强优惠政策和扶持力度

制定鼓励中小企业开展技术创新的税收优惠政策。考虑到中小企业在技术创新方面的重要作用和存在的不利条件，政府应当制定适当的税收政策鼓励中小企业的发展，如允许企业新设备投资直接抵消其应纳税所得额、降低企业所得税率、新设备实行加速折旧、企业的科研费用增长额税收冲抵等。

（四）中小企业的产业集群技术创新体系

中小企业集群式创新是近期理论界提出的一种新的创新模式，它是以专业化分工和协作为基础的同一产业或相关产业的中小企业，通过地理位置上的集中或靠近，产生创新聚集效应，从而获得创新优势的一种创新组织形式。借助这种特殊的组织结构，企业之间可以建立长期、稳定的创新协作关系。同时，中小企业也可以通过与大企业的协作配套，获得大企业技术扩散的效果，这是中小企业技术创新初期降低技术创新风险、迅速提升技术创新水平的一条有效途径。

（五）选择合适的技术创新形式

中小企业在进行技术创新中，主要是进行产品创新、服务创新、工艺创新。产品创新是指中小企业在产品的生产和经营过程中，对其自身生产或经营的产品所从事的改进、提高或发明的创新活动。它可分为重要创新和渐进创新两类，重要的产品创新是指全新的产品创新，或通过组合已有的技术而取得新的产品，渐进的产品创新是指通过改变产品的局部进而改进产品整个系统的功能。服务创新是近几年服务业兴起的结果，它既包括把新思想、新设想转变成新的或改进的服务，又包括通过改变现有的组织结构推出新的服务，由于服务创新投入较小，而且市场需要变化快，因而是最适合中小企业特点的技术创新类型之一。工艺创新是指采用新的或有重大改进的生产工艺，从而改进现有产品的生产工艺或提高新产品的生产效率。由于工艺创新对开发新产品、改进原有产品以及提高原有产品质量和产量都具有重要作用，因此其重要性并不亚于产品创新。

（六）以市场需求为导向技术创新

在市场经济条件下，市场是一切经济活动的中心，任何经济活动都要以市场需求为基本起点，技术创新作为一项高投资、高风险的经济活动，更应该以市场需求为导向，根据需求确定创新产品的生产方向。

（七）构建创新网络

在全球化的今天，更多的是企业间的协同工作，中小企业或多都或少要与其他组织产生联系，这些组织可能是其他的企业，也可能是研究机构、政府部门等。随着技术进步速度的加快以及竞争的加剧，外部的联系对企业的技术创新越来越重要，这些联系形成企业的创新网络。彼此之间的共同参与和资源共享，使网络的整体创新能力大于个体的创新能力。

（八）加强知识产权保护意识

知识产权保护是技术创新的重要环节。知识产权不但是企业自主创新的基础和衡量指标，也是市场竞争的重要手段。无形资产是公司财产权利的重要组成部分，由于其"无形"，常常容易被忽视，但事实上却能够给公司带来巨大的经济利益。中小企业一定要增强知识产权的保护意识，要把保护知识产权和技术创新放到同等的位置。要与员工签订技术保密协议，提高员工的法律意识，使其自觉维护公司权益。要在公司人才合理、合法流动的同时，保护公司的无形资产不在人才流动中流失。

章后阅读

纪本和万宏

空气可吸入颗粒物自动在线连续分析检测仪主要用于阴霾天气监控报警，通过实时反馈空气质量变化的趋势，为监测区域的环境保护提供有效依据。它改变了目前普遍采取的空气质量监测人工采集、人工测定，进一步降低人为误差和时间周期。2010年纪本电子仪器公司研发团队准确把握住这一趋势；2011年完成项目立项和前期研究；2012年成功申请到"上海市科技型中小企业技术创新基金项目""国家科技型中小企业技术创新基金项目"；2013年完成项目研发目标。团队开发的空气可吸入颗粒物自动在线连续分析检测实现了技术上的三大创新，即采用了β线检测器、分光光度计的结构整合、多种数据实时监测技术、在线连续自动监测技术，在业内得到了较高肯定。预计此项技术投产后，每年可实现销售收入150万元，为企业带来净利润15万元。

发展混合动力电池是国家"十城千辆"新能源汽车项目的要求，由于混合动力电池的稳定性及应用性，从开发以来一直面临"叫好不叫座"的局面。为将企业生产的混合动力电池产业化和批量生产，提升公司知名度和市场占有率，万宏动力能源公司针对一汽集团客车混合动力电池的生产与服务，成立创新团队，跟踪电池使用情况、完善生产工艺、提高产品质量。经过两年多的努力，团队已经在一汽客车厂为长春市和齐齐哈尔市制造的公交车上先后安装10套混合动力电池组，运行状况良好。2012年团队开发的混合动力汽车用30Ah镍氢电池（组）获得了国家科学技术部颁发的"国家重点新产品"证书；2013年获得上海市技术发明三等奖，国家"863"重大项目专家组电池首席科学家肖成伟对团队的成果给予了积极评价。

这两个通过技术创新发展起来的中小企业，在我国还有很多，所以我国的中小型企业是国家创新发展战略的实施者和带动者。

第二章 知识产权概论

第一节 知识产权概述

一、知识产权的含义

"知识产权"是 20 世纪后半叶以来在国际上广泛使用的一个法律概念,最早源于 17 世纪法国大革命时代,主要倡导者是法国的社会学家卡普佐夫,后来经过比利时法学家皮卡第等的论证和发展,后来有人称为"知识产权""无形产权"(Intangible Property),这样的术语开始被很多人沿用或引用。

1967 年在斯德哥尔摩签订的《建立世界知识产权组织公约》(简称 WIPO 公约)将知识产权解释为:人类智力创造的成果所产生的权利。知识产权在我国 20 世纪七八十年代曾称作"智力成果权"。苏联也称作"智力成果权"。我国台湾地区称作"智慧财产权"。日本曾称作"无体财产权",现称作"知的所有权"。现在有的西方学者又称其为"信息与知识财产权",有的仍称作"无形产权"。

由此,知识产权(Intellectual Property)可以解释为:是涉及知识成果和知识价值的一种权利,是自然人、法人和其他组织对其科学技术、文化艺术、工商经贸等领域里创造的精神财富所依法享有的专有权。简要地说,是人们对通过脑力劳动创造出来的智力成果和知识财产所依法享有的权利。

由于知识产权是一种跨越科学技术、经济、文化和法律领域的精神财富,在人类社会生产和社会生活中具有很高的价值尤其是使用价值,是人类社会财富的重要部分。特别是 20 世纪 90 年代崛起的知识经济就是建立在智力成果基础上的经济。根据亚太经合组织的定义：知识经济是建立在知识和信息的生产、分配和使用基础上的经济。通俗地讲，知识经济就是建立在知识产权基础上的经济。因此，各国立法普遍对智力成果的所有人应享有的专有权给予法律上的确认和保护。随着WTO关于《与贸易有关的知识产权协定》（简称TRIPs协定）的订立，知识产权得到了确认和保护。

二、知识产权的范围

知识产权的范围涵盖知识产权的内容、客体和对象。鉴于TRIPs协定使用"范围"这一术语，我们认为使用"范围"可能会被多数学者所接受。对于知识产权的范围可以分为传统和狭义以及现代和广义两种认识和理解。传统和狭义的知识产权认为，知识产权的范围由著作权和工业产权两部分组成。现代和广义的知识产权认为，知识产权的范围由著作权、工业产权和其他知识产权三部分组成，其他知识产权主要是指科技成果权，其中尤其是技术秘密类技术成果。

《WIPO公约》中对知识产权范围的规定

（1）关于文学、艺术和科学作品的权利即著作权或版权；

（2）关于表演艺术家演出、录音和广播的权利，即主要指邻接权；

（3）关于人类发展的一切领域的发明和权利（一切领域的发明，既包括专利发明，又包括非专利发明）；

（4）关于科学发现的权利，即发现权；

（5）关于工业品外观设计的权利；

（6）关于商标、服务标志、厂商名称和标记的权利，即主要指商标权、商号权等识别性标记权；

（7）关于制止不正当竞争的权利即反不正当竞争权；

（8）一切来自工业、科学、文学或艺术领域的智力创作活动所产生的权利。

我国《民法》对知识产权范围的规定

（1）文学、艺术、科学等作品及其传播；

（2）专利；

（3）商标及其他商业标识；

（4）企业名称；

（5）原产地标记；

（6）商业秘密；

（7）集成电路布图设计；

（8）植物新品种；

（9）发现、发明以及其他科技成果；

（10）传统知识；

（11）生物多样化；

（12）法律规定的其他智力成果。

这些规定都表明，知识产权的范围由版权、工业产权和其他知识产权主要是指科技成果权组成。其中，关于科技成果权尤其是技术秘密类技术成果权的归纳，直接依据 WIPO 公约的规定和我国《民法（草案）》的规定。应当指出，当代高科技及其产业化发展迅猛，科学和技术界限在有的科技领域显得越来越模糊，如生命科学技术领域的基因说与人类基因组图谱等，在理论成果状态下就开始应用。因此，现在使用"其他科技成果权"这一术语，争议恐怕会越来越少。至于技术秘密类技术成果，国外有些国家称这一术语为专有技术。在我国曾称作非专利技术。

（1）著作权。我国称作著作权，英美法系称作版权，也有人把它概括为文学产权（Literature Property），指文学、艺术和科学作品的著作权人，包括创作者、传播者和其他著作权人。根据法律规定对其智力成果所享有的专有权利，它包括著作人身权和著作财产权。著作权的主要范围是：

1）文学、艺术和科学作品。

2）邻接权作品：演出、录音、录像和广播作品。

3）计算机软件作品，包括计算机软件文档资料和计算机操作程序两个部分，近年来被多数国家列为版权保护的一种作品。

（2）工业产权。工业产权指法律赋予人们在工商业领域中为使用而做出的创造性构思或区别性标志、记号、品牌等方面所享有的专有权。工业产权包括工业所有权和商业所有权，其中"工业"一词包括工业、农业、采掘业

等各个产业部门,还包括商业等经贸企业,也有人统称为"产业产权"。工业产权范围包括:

1)专利:是指依法批准的发明人或其权利受让人对其发明成果在一定年限内享有的独占所有权。根据我国《专利法》规定,专利分为发明专利、实用新型专利、外观设计专利三种。

2)商标:俗称商品的名称,是商品生产者或经营者精心设计后,人为地有意识地置于商品上的一种专门的可视性标志。

3)服务标记:服务行业的专用标志,也称"服务商标"或"劳务标志"。主要包括广告与实业,保险与金融,建筑与修理,电信,运输与贮藏,材料处理,教育与娱乐,其他诸如餐饮住宿、理发美容等服务行业使用的用以区别其他服务行业和系统的一种特别标志。

4)厂商名称:以国名、地名和字号组成的工商企业名称,包括各种商贸机构的"商号",旨在辨认和识别不同的企业。

5)地理标志也称货源标记:包括产地标记和原产地名称两种。产地标记一般是指产品生产加工的企业所在国及其地理名称,用于标志产于该地的产品。原产地名称除反映产品的来源之外,还标明产于该地的名优产品,它和产品的驰名度是联系在一起的,产品的驰名度是该地的自然因素和人文因素相结合的产物。

6)反不正当竞争:是指经营者损害其他经营者的合法权益,扰乱社会经济秩序的行为。包括假冒他人注册商标、服务标记、厂商名称、地理标志等侵犯工业产权的行为。

(3)其他知识产权即科技成果权。科技成果权是指集成电路布图设计(即拓扑图)、植物新品种权和未公开信息(包括技术秘密、商业秘密和实验数据)。这是一个最新的关于知识产权范围的定义,说明其他知识产权即科技成果权包括两大类:一类是新兴的高科技成果权,其中相当一部分成果很多国家的专利法和我国的专利法还没有规定为专利授权范围;另一类是具有一定经济价值的处于保密状态的技术秘密,包括部分商业秘密和实验数据。

三、知识产权的特征、价值

(一)知识产权的特征

因为知识产权是一种无形财产。所以,知识产权具备专有性的特点、时间性的特点、地域性的特点，大部分知识产权的获得需要法定的程序，如版权的获得是自作品完成之日起自动产生的。

（1）专有性，即独占性或垄断性，除权利人同意或法律规定外，权利人以外的任何人不得享有或使用该项权利。这表明权利人独占或垄断的专有权利受严格保护，不受他人侵犯。只有通过"强制许可""征用"等法律程序，才能变更权利人的专有权。知识产权的客体是人的智力成果，既不是人身或人格，也不是外界的有体物或无体物，所以既不属于人格权也不属于财产权。另外，知识产权是一个完整的权利，只是作为权利内容的利益兼具经济性与非经济性，因此也不能把知识产权说成是两类权利的结合。如说著作权是著作人身权（或著作人格权，或精神权利）与著作财产权的结合，是不对的。知识产权是一种内容较为复杂（多种权能）、具有经济和非经济两方面性质的权利。因而，知识产权应该与人格权、财产权并列而自成一类。

（2）地域性，即只在所确认和保护的地域内有效，即除签有国际公约或双边互惠协定外，经一国法律所保护的某项权利只在该国范围内发生法律效力。所以，知识产权既具有地域性，在一定条件下又具有国际性。

（3）时间性，即只在规定期限保护。法律对各项权利的保护，都有一定的有效期，各国法律对保护期限的长短可能一致，也可能不完全相同，只有参加国际协定或进行国际申请时，才对某项权利有统一的保护期限。

（4）知识产权属于绝对权，在某些方面类似于物权中的所有权，如是对客体为直接支配的权利，可以使用、收益、处分以及为他种支配（但不发生占有问题），具有排他性、移转性（包括继承）等。

（5）知识产权在几方面受到法律的限制。知识产权虽然是私权，虽然法律也承认其具有排他的独占性，但因人的智力成果具有高度的公共性，与社会文化和产业的发展有密切关系，不宜为任何人长期独占，所以法律对知识产权规定了很多限制。

（二）知识产权的价值

任何商品都具有价值和使用价值，当知识产权作为商品时也不例外。能否套用传统价值理论来计算知识产权的价值呢？多数情况下，发明创造者都是用传统的价值理论来计算知识产权的价值，他们从"成本"的角度去衡量知识产权的价值，在他们看来，发明创造知识产权所花费的劳动量，最终决定了知识产权的价值,其实,这种观点代表了绝大多数从事发明创造的人,他们在判断自己拥有的知识产权的价值时,就是从自己所付出的成本出发的。但知识产权却又不同于普通商品。首先,它没有"社会必要劳动时间"的概念,因为任何一项知识产权都是独一无二的,不存在"社会平均"的问题。其次,能否用个别劳动时间来计算知识产权的价值呢?这同样也是无法计算的。因为任何发明创造,都是随机的、偶然的、不可预测的、不可复制的,以至于个别劳动时间是扑朔迷离和不可捉摸的。

知识产权产生的特殊性让传统的价值理论并不适用,但这并不意味着知识产权的价值无法计算。类似"一项技术=100万元"的交换足以证明,知识产权的价值仍是可以确定和计算的。来看这样一个例子:100个工人一天可以生产100台电视机;如果现在拥有一个专利技术,50个工人就可以生产100台,解放了50个工人的劳动力,这项技术每一天的价值就相当于50个劳动力一天的价值,劳动力的价值是可以计算的,技术每一天的价值同样可以计算;再结合这项技术的实际寿命,这项技术的实际价值便可以得出。

一项知识产权如何转化为实用价值,以下以专利权为例。

第一种方法:把它转让(或许可使用),获得转让费用(或许可使用费用)。

第二种方法:将这项技术投资入股组建公司,进行产业化运作,通过生产、出售专利产品获取收益;按照我国现行公司法的规定,技术最多可占注册资本的70%。

第三种方法:以该专利权作为质押向银行贷款。不过,银行一般都不太愿意接受知识产权担保贷款,另外,实践中可贷款数额一般都控制在专利评估价值的40%以下。

第四种方法:知识产权证信托,即知识产权人作为委托人,委托受托人来管理运营或转让该技术,由此获取收益并向受托人支付报酬。知识产权信托关系生效后,知识产权将转归受托人所有,但它又与受托人的其他财产相区别,从而确保了信托财产的独立性。信托最终目的是让信托财产保值、增值,知识产权信托能否实现保值增值取决于以下三点:一是知识产权的属性,智力含量高、应适用性较强的知识产权实现增值的可能性较大;二是市场行情;三是合适的受托人。

第五种方法：知识产权证券化，如一个企业现在需要融资，它就将企业中的知识产权作为证券化资产隔离出来，"真实出售"给一个特殊目的机构，由特殊目的机构来向投资人发行证券。

第二节 中小企业知识产权的现状

知识产权本在我国就是一项新兴事物，不少大企业的意识尚且不强，对于我国中小企业而言，观念意识更是薄弱。另外，金融危机的来临，对我国广大中小企业无疑是一场巨大的考验。如何在这场风暴中屹立不倒，成为所有中小企业最关注的问题之一。毫无疑问，知识产权是中小企业的生存之道。然而，这场金融危机也使我国中小企业的知识产权"短板"充分暴露出来。据有关方面统计，目前我国有99%的企业没有申请专利，60%的企业没有自己的商标。主要表现在：

一、知识产权观念不强

中小企业知识产权保护意识普遍薄弱。当初，我国中小企业普遍是通过仿制国外的产品来开拓市场，相对而言其技术含量较低，欠缺研发能力，在发展过程中一直不注重知识产权的保护，企业家凭着眼光和冒险精神取得初步的成功，而主要产业都集中在劳动密集型产业，依靠地区较低的劳动资源成本占领市场。对于大多数中小企业经营者而言，看重暂时的利润，喜欢"拿来主义"，直接仿造国外产品，并不注重自主创新，更无法拿出创新技术来申请专利，也不愿意承担每年需缴纳的专利费。中小企业经营者认为，研发新产品耗时、耗力，得不偿失。

二、知识产权管理和保护能力不足

首先，中小企业没有自己的知识产权体系。目前，多数中小企业发展到一定规模都是家族企业，管理机构的随意性导致中小企业不设立专门的知识产权管理机构，许多企业没有把知识产权保护纳入企业的整体管理体系。其次，中小企业缺乏知识产权管理和保护的专业人才。知识产权的属性，要求其管理者应当是高层次、实践性和复合型的人才,通晓法律、经济、科技和管理等知识。由于管理人才的缺乏,有的企业在知识产权受到侵害时束手无策,不知道有哪些救急手段,不知道选择最佳的救急方式。有的甚至漏交专利年费,商标过了续约期却不知晓,导致企业丧失自己的知识产权。

三、知识产权流失严重

中小企业知识产权意识薄弱,保密制度不健全,人员流动比较频繁,公司的劳动合同中往往不签订保密协议和同业禁止的规定,雇员跳槽时带走专利技术、商业秘密等事件时有发生。更有许多中小企业有了创新成果后,没有申请专利,却抢先邀请专家等进行成果鉴定,发表论文公开成果,而被同类型企业抢先申请专利。此外,有不少中小企业者认为申请专利是大企业的事情,自己只要掌握了技术和生产高质量的产品就行了,申不申请专利无所谓,等到自己的技术被别人申请了专利而受制于他人时又常常追悔莫及。

另外,以往因侵犯他人知识产权而被批评的中国内地企业,现在却不得不因为自己的知识产权频频被海外企业和个人恶意侵犯而感到头疼。据报道,近年来中国内地著名商标在海外被侵犯或恶意抢注的案例有很多。

第三节 中小企业的技术创新优势与知识产权保护对策

一、中小企业的技术创新优势

(一) 动力机制方面的优势

中小企业管理结构简单,经营者创新意识强,企业组织灵活,管理层精干,管理程序简捷而有效,机动灵活性强。大企业由于员工较多,业务繁多,机构庞大,所以有着较为复杂的管理部门与决策部门,这些都不利于对市场做出迅速的判断与决策,不利于技术创新。小企业由于管理人员较少,决策程序简捷有效,有利于技术创新的决策与实施。此外,科技人员的贡献与利益直接挂钩,激励机制较强,中小企业由于员工数量较少,工作绩效易于确定，比较容易通过实行"按知分配"来调动科技人员和其他员工的积极性和创造性，使企业的创新立足市场，长盛不衰。企业为争取生存空间而致力于产品创新，重视新产品的个性，不遗余力地进行技术创新，以新概念、新设计、新材料、新工艺、新产品来拓展市场，具有危机感与强烈的创新意识。企业的自我激励机制，使其内部成本大为降低，有利于克服自身规模和财力方面的弱势，主动创新。同大企业相比，中小企业在资金、技术、市场占有率等方面都居于劣势地位，中小企业如果不能适应市场的需求，进行必要的技术创新，就很有可能在来自同类企业与大企业的竞争中处于不利地位甚至破产，所以中小企业相对大企业更具有进行技术创新的内在动力。

（二）创新能力的优势

中小企业专业化程度较高，具有满足特定的细分市场需要的技术创新能力；经营规模小，研究开发人员和生产销售人员能够很好地沟通，对市场和技术的发展能够做出迅速有效的反应；能够根据形势的变化及时调整经营方向，抓住技术开发的最佳时机，也由于进出壁垒低，很容易在环境有利时进行技术创新，而在环境保护不利时，可随时撤出，转向其他产业进行技术创新。此外，研究开发更具有针对性，能够调动其所有资源进行技术创新。

（三）环境因素的优势

知识经济的到来，为中小企业的技术创新带来更多的发展机遇。知识经济时代，市场变化更快，需求更趋于个性化、细分化，这就要求企业的反应更加灵活，信息技术的采用，使企业获得外部信息更加方便容易，这些都为中小企业的技术创新带来了很多发展。另外，中小企业具有宽松自由的技术创新内部环境，其灵活简便的作风有利于技术创新，容易采用新技术、新工艺。中小企业具有宽松的企业文化、形式多样的激励机制，员工团体精神强。与大企业比，中小企业的组织结构安排相对简单且有弹性，基本不具有官僚体制的特征，企业员工之间、上下级之间便于沟通，容易达成共识，有利于创新思想的培育。

二、中小企业技术创新的知识产权保护政策

中小企业要明确知识产权在其自身发展中的重要作用，树立知识产权开发和保护意识。根据自身的实际情况建立知识产权研发、申请和保护专门机构,并培训专业的人才从事知识产权相关工作。建立一套与政府、行业协会、中介组织相协调,成熟有效的纠纷风险评估和处理机制,从而确保中小企业在面临知识产权纠纷中能够从容面对。同时,加强知识产权宣传与培训。在企业范围内大力宣传知识产权的重要性。要覆盖到班组,要通过各种手段让每一位员工都认识到知识产权的重要性。如对现场作业中的发明创造给予充分肯定,让职工同志们充分认识到这样的发明创造就是知识成果,是可以通过申请专利来获得企业和国家的肯定的,从而提高职工同志们的知识产权保护意识。

此外,完善知识产权管理制度。设置专利申请联络员,由联络员对本单位不同时期的各种技术成果进行收集、整理。对具备专利申请条件的技术成果上报有关部门进行专利申请。对于工作出色的专利申请优秀联络员,要给予一定的精神及物质上的鼓励以促进这方面工作的开展。还要定期或不定期开展知识产权保护和专利申请的培训和组织开展相关活动。让广大企业员工充分掌握更多的知识产权保护和专利申请的知识,进一步了解和深化知识产权保护和专利申请的实质及目的。

第四节 中小企业知识产权管理原则

随着经济的知识化与全球化,知识产权成为企业竞争优势的核心基础。如何运用知识产权制度,合理配置和优化科技资源,加快自主创新步伐,实施有效的知识产权管理是决定中小企业获得生存和发展的关键。

标准化管理是通过构建一定的管理体系,执行相关的规范,促使企业管理水平提高的重要途径。现有标准也给了我们很多启示:一方面,ISO 9000指出,管理体系是建立方针和目标并实现这些目标的一组要素,管理标准是根据这些要素的相互关系进行事先规定以保障各要素间的作用能得到体现,管理模式是结合企业的实际情况,对管理体系中的要素进行选择组合,实施管理标准的具体体现。另一方面,实施标准化管理进行风险控制是职业安全卫生管理标准OHSAS18000的基本理念。

一、ISO9000

质量标准体系是基于产品生产的过程管理和控制,并与目标管理有机结合的管理模式。其特点是以规范一个相对稳定和程式化的生产过程,并在各个关键环节上实施有效的控制,强调通过利用资源和管理,对输入转化为输出活动的过程控制。ISO9000 强调了八大原则,这八大原则包括:

(1)以顾客关注为焦点:从顾客的角度审视与构建企业内部业务流程才是最佳做法。

(2)领导作用:领导者必须以身作则,质量理念才能在企业里生根发芽。

(3)全员参与:全员参与才能使质量管理体系有效能、有效率地运作,企业将获得最大收益。

(4)过程方法:以清晰易懂的流程图表代替复杂的文字程序文件。

(5)系统管理方法:以系统导向管理模式,避免"只见树木,不见森林"的片段式管理模式。

(6)持续改进:持续改进是企业永不休止的课题和持续发展的利器。

(7)基于事实的决策方法:有效的决策应该是建立在正确的资料和信息上,而并非凭直觉。

(8)与供方互利的关系:企业与供应商的关系应该重新定位在互利合作的基础上。

以 ISO9000 标准架构知识产权管理标准。知识产权管理标准的系统框架分为四个方面:规划,资源管理、活动管理,检查、分析,改进。管理体系是有效管理企业知识产权,提升创新能力的重要载体。管理体系以 PDCA 为模式,体现了持续改进的框架,其中规划为 P(Plan),资源管理是活动管理 D(Do)的基础,检查、分析为 C(Check),检查 P 与 D 的符合与有效性,改进 A(Achieve)获得了更好的管理效果。这四个方面进行有效整合形成整个知识产权管理活动。规划指的是对整个知识产权管理体系的规划,它是企业战略性决策的体现,包括方针、目标、机构职责和制度四个方面。方针是实施和改进知识产权管理体系的动力,是评价知识产权管理体系的基础。目标是实现和落实知识产权管理方针的具体体现,是评价知识产权管理体系有效性的重要指标。机构职责是企业实施知识产权管理的主体,企业应设置知识产权管理机构,明确其间的分工合作关系和信息沟通方式,规定各自的职责和权限,以提高管理效率,最终实现管理目标。同时,知识产权管理的制度体系是规划的重点内容,有利于实现企业知识产权管理的合法化、规范化、系统化。

资源管理是企业建立并执行知识产权管理体系、实现知识产权管理目标的必要条件,管理对象包括人力资源、财务资源和信息资源。在与知识产权管理关联的人力资源管理活动中,除了对员工有素质方面的要求和进行培训——使员工具备知识产权的意识和知识,防止知识产权流失外,还应强调激励机制,以促进科技创新。同时,针对知识产权的特点,在知识产权管理中更应强调信息系统的建设与应用,如文献管理系统、文献检索分析系统等。

活动管理包括涉及企业全流程的知识产权的基本活动管理,以及与企业业务密切相关的知识产权的业务活动管理。知识产权管理的基本活动包括知识产权权利的维护（如专利申请、商标注册和续展、版权登记,以及权属的确定等）、价值的评估、档案的管理、合同的管理,以及记录的控制等。知识产权的业务活动管理指的是企业知识产权的创造、管理、保护、运用能力在研究与开发、生产、贸易等各活动环节中的具体体现。在每一活动环节,除明确知识产权管理应如何落实之外,还要着重强调具体的风险控制。研究与开发是实现企业经营目标和创造知识产权的关键环节,为实现企业经营目标的相关活动和过程提供依据。生产活动应强调其间的创新和记录控制。贸易阶段应强调市场的监控和知识产权转让或许可等特殊过程中知识产权的相关管理。对外贸易应成为强调侵权与维权的监控重点。

检查、分析与改进是为确保企业的知识产权管理体系的符合性并持续改进其有效性的重要环节,即对企业具备的知识产权管理能力的检查和知识产权管理体系所需过程的检查。同时对检查的结果进行分析,描述知识产权管理体系是否与规划相一致,是否得到实施和保持,是否满足企业的方针和目标。再根据检查、分析和管理评审的结果,制定和落实改进措施,以持续改进知识产权管理体系。

二、借鉴 OHSAS18000 标准对知识产权管理标准进行优化设计

尽管 ISO9000 是比较先进的管理方法,已经得到广泛运用,但由于知识产权的特殊性，完全依靠ISO9000构建知识产权管理的标准化体系也是不科学的，应立足ISO9000的总体模式进行标准的优化设计。一方面，知识产权由于其无形性，不同于易识别易控制的有形财产，企业随时面临着知识产权受到侵害、侵犯他人知识产权等运营风险，保护知识产权就是保护企业的核心竞争力。因此，标准应强调和突出风险管理。另一方面，企业的知识产权管理涉及的是企业整体，不以具体生产的产品或提供的服务为对象，建立知识产权管理体系的要求来自企业内部而不是顾客，依据的标准都是国家法律法规，具有较强的客观性。基于以上分析，可以借鉴OHSASA18000职业健康安全管理体系进行标准的优化设计。

OHSAS18000是20世纪80年代后期在国际上兴起的现代安全管理模式，是继ISO9000和ISO 14000后又一后工业时代的管理方法。OHSAS18000职业健康安全管理体系的特点是以企业整体为对象，不是以具体的产品或服务为对象，其重点是风险的防范与控制，根据对危险源的辨识，进行风险评估。一方面，OHSAS18000强调以预防为主，即预防事故的发生，要做到这一点，就必须预先识别潜在的事件和对紧急情况进行风险分析，然后通过目标、方案、运行控制及应急程序，控制事故的发生，这一点与知识产权管理的目的与要求有类同性。建立知识产权管理标准，要通过识别企业知识产权风险的种类和表现形式，进行知识产权风险管理目标和策略的规划，从各个环节排除知识产权可能发生的风险，实现知识产权在企业经营上的价值。另一方面，OHSAS18000强调遵守法规的要求贯穿始终。知识产权本身是法律保护下的智力成果权，企业对知识产权的管理必须以法律法规为依据，遵守我国颁布的知识产权法律和我国参加的知识产权国际公约，强化法律对管理活动的约束性是企业知识产权管理的基本特性。因此，可以基于ISO9000构建知识产权管理标准化的框架，并借鉴OHSAS18000标准加以完善。

将标准化管理的理念融入企业知识产权管理中，能够丰富企业知识产权管理方法，突出管理重点，针对知识产权在企业经营不同阶段的体现设置专门的管理流程，从研发、采购、生产、销售等各个环节统筹考虑、统一布局，构建全面的知识产权管理体系，才能将知识产权风险降到最低程度，提高管理效益。不过，如何更加有效地将标准化管理方法融入企业知识产权管理中，更高层次地体现依靠知识产权战略以开拓市场、占领市场并取得市场竞争优势，还需要进行更深入的研究与实践。

章后案例

"滴滴打车" 商标权侵权纠纷案

睿驰公司是第35类和第38类"嘀嘀"和"滴滴"文字商标的权利人，前者核定服务项目为商业管理、组织咨询、替他人推销等，后者包括信息传送、计算机辅助信息和图像传送等。睿驰公司认为，小桔公司经营的"滴滴打车"（最初为"嘀嘀打车"）在服务软件程序端显著标注"滴滴"字样，服务内容为借助移动互联网及软件客户端，采集信息进行后台处理、选择、调度和对接，使司乘双方可以通过手机中的网络地图确认对方位置，联系并及时完成服务，属于典型的提供通信类服务，还同时涉及替出租车司机推销、进行商业管理和信息传递等性质的服务，与睿驰公司注册商标核定的两类商标服务内容存在重合，侵犯其注册商标专用权，要求小桔公司停止使用该名称，公开消除影响。

关于本案，法院最终认为：在通常情形下，确认是否侵犯商标权，应综合考虑被控侵权行为使用的商标或标识与注册商标的相似度，两者使用商品或服务的相似度，以及两者共存是否容易引起相关公众对来源的混淆误认等因素。本案中，从标识本身看，"滴滴打车"服务使用的图文组合标识具有较强的显著性，与睿驰公司的文字商标区别明显。睿驰公司所称其商标涵盖的商务和电信两类商标的特点，均非"滴滴打车"服务的主要特征，而是其商业性质的体现以及运行方式的必然选择。此外，考虑到睿驰公司商标、"滴滴打车"图文标识使用的实际情形，也难以导致相关公众混淆误认。综上所述，"滴滴打车"的服务内容与睿驰公司注册商标核定使用的类别不同，商标本身亦存在明显区别，其使用行为并不构成对睿驰公司的经营行为产生混淆来源的影响，小桔公司对"滴滴打车"图文标识的使用，未侵犯睿驰公司商标权。据此，法院判决：驳回睿驰公司的诉讼请求。

随着"互联网+"商业模式的推广，通过应用软件提供服务已成为普遍经营方式。由于应用软件的名称往往比较简短，可选用的文字、图案相当有限，应用软件名称与注册商标之间的冲突不可避免，因应用软件名称引发的商标侵权纠纷也日渐增多。司法实践中，被告通过应用软件提供的服务与原告注册商标核定使用的服务是否构成相同或类似服务，往往成为争议的焦点。本案中，法院并未仅以"滴滴打车"服务涉及电信、软件、商业等为由抽象认定其与电信、软件、商业等服务类似，而是紧紧抓住不同服务的本质属性和主要特征，综合考虑不同服务的目的、内容、方式、对象、混淆可能性等因素，最终认定"滴滴打车"服务本质上仍然是为客户提供运输信息和运输经纪服务。本案判决具有鲜明的时代特点，其中蕴含的抓本质、抓重点的分析方法为"互联网＋"商业模式下正确认定类似服务提供了重要借鉴，并且可以看出我国的知识产权保护意识越来越强。

第三章 中小企业知识产权战略管理

第一节 中小企业知识产权战略概论

一、企业知识产权战略管理含义

从战略最广泛的基本含义出发,结合企业知识产权运用的特点,我们都认为企业知识产权战略就是作为技术创新主体的企业在进行技术创新活动时,运用专利及其他知识产权制度的特性和功能,从法律、经济和科技的角度,对有关技术创新知识产权的获得、保护、实施和管理等所做的总体安排和统一谋划,是企业从自身条件、技术环境和竞争态势出发做出的企业技术创新知识产权工作的总体部署,以及为实现创新目标而采取的有关知识产权的根本对策。相对于知识产权制度而言,知识产权战略实质上属于在制度的背景下和框架内对如何有效地运用和实施知识产权制度的研究。也就是说,知识产权制度是知识产权战略的基础,规定了知识产权战略的性质和内容,知识产权战略就是知识产权制度的综合设计规划和整体运用方式。

虽然我国知识产权制度起步较晚,但经过多年的发展,我国在知识产权制度建设上已经获得了巨大的发展,为了适应加入 WTO 的要求,近年又对国内法律进行了修改,可以说作为一个发展中国家,目前我国知识产权制度已经基本符合《与贸易有关的知识产权协议》的要求。对于中小企业知识产权战略,我们认为应当主要包括以下内容:①企业知识产权战略与知识产权基本制度之间的关系及相互作用的方式;②企业知识产权战略在企业技术创新中的作用以及如何以企业知识产权战略推进企业技术创新;③企业如何根据法律规定和自身特点确定和修正本企业的知识产权战略；④西方发达国家知识产权战略有哪些经验和教训值得我们吸收和借鉴；⑤企业知识产权战略实施过程中存在哪些问题，如何解决实施中存在的问题；⑥企业知识产权战略对企业经济增长方式的转变、知识产权的保护具有什么样的意义；⑦不同的企业知识产权战略存在哪些各具特点的环节、内容和注意事项；⑧信息检索在企业知识产权战略的制定和实施中具有什么作用，如何有效地利用有价值的知识产权信息；⑨作为企业知识产权战略重要内容之一的专利战略的制定、实施中的问题与对策；⑩商标、版权等其他企业知识产权具体战略制定、实施中的问题与对策。

二、企业知识产权战略类型（含 SWOT 分析）

我国当前的知识产权战略环境对中小企业而言，既有优势也有劣势，而企业制定和实施企业知识产权战略的核心是分析企业内外部环境，选择合适的战略模式。那么，如何选择合适的知识产权战略模式呢？

首先，企业的知识产权战略是企业整体战略的一个子战略，我们应先确定企业的总体战略目标，并在总体战略目标的指导下进一步分析企业知识产权的战略环境，确定知识产权战略目标，才能在知识产权战略目标的框架下制定具体的知识产权战略，继而实施战略、对实施过程进行控制。其次，知识产权战略模式的选择必然是在企业内部环境和外部环境分析的基础上而做出的，战略模式的选择关系到内外环境的匹配问题。最后，知识产权战略的实施过程是围绕提高企业战略竞争力而展开的。

从众多相关资料的分析中，笔者将企业知识产权战略模式大致归结为进攻型、防御型和攻守兼备型三种战略模式。进攻型知识产权战略模式是指企业积极主动地将开发出来的技术及时申请专利、商标等并取得相应的权利，利用知识产权保护手段抢占和垄断市场；防御型战略模式是指企业在市场竞争中，由于竞争对手的知识产权对本企业的经营活动构成妨碍，而采取的改善竞争被动地位的策略；攻守兼备型战略模式则是介于进攻型和防御型战略模式之间的一种模式，根据企业自身的特点，在市场竞争中采取进攻和防御相结合的策略。各种战略模式如表 3-1 所示。

第三章 中小企业知识产权战略管理

表 3-1 企业知识产权战略类型

知识产权战略模式	知识产权战略类型
进攻型	基本专利、基本专利与技术标准相结合、专利收买、专利诉讼、专利商标许可
攻守兼备型	专利网、专利交叉许可、专利与技术秘密相结合、专利与产品相结合
防御型	绕过障碍专利、公开专利技术、利用失效专利、购买专利与商标使用许可

知识产权战略模式的选择矩阵依据 SWOT 战略分析方法，知识产权战略模式的选择要运用外部机会和内部有利条件，避免外部威胁和改进内部不足，因而有四种不同的战略模式供企业选择：SO 战略、WO 战略、ST 战略和 WT 战略。SO 战略是利用企业内部的优势去抓住外部机会的战略，WO 战略是运用外部机会来改进内部劣势的战略，ST 战略是利用内部优势去避免或减轻外在威胁打击的战略，WT 战略是直接克服内部劣势和避免外在威胁打击的战略。根据企业竞争能力的强弱，列出企业知识产权战略选择的 SWOT 矩阵。如表 3-2 所示，SO 战略：企业竞争能力强，以进攻型知识产权战略为主，积极进行技术创新，以获得独特的竞争优势甚至是技术、市场垄断优势。WO 战略：企业竞争能力一般，以防御型知识产权战略为主。ST 战略：企业竞争能力较强，进攻型知识产权战略与防御型知识产权战略相结合。WT 战略：企业竞争能力弱，采用防御型知识产权战略。

当前，我国企业总体上竞争能力不强，大多都是因为缺乏自主知识产权，而处于相对弱势的中小企业就更加需要通过实施知识产权战略从而提高企业的竞争力。就 R&D 战略与知识产权战略相结合形成的战略模式大致有：①设立研发机构，进行自主研究开发，获得自主知识产权；②通过引进技术、专利许可等方式获得技术、专利的使用权；③企业间组成战略联盟，合作开发研究，形成专利联盟，共享专利成果，共同累积对外专利的谈判筹码。另外，一些拥有相对完善知识产权战略管理体系的企业，可以选择知识产权许可、专利技术产品贸易、专利出售、知识产权诉讼等。从表 3-2 可以看出，处于不同环境的中小企业，其知识产权战略模式的选择也不相同。选择对了知识产权战略，企业就会发展壮大下去，选择错了，可能就无法生存下去,尤其是对科技型企业而言。

表3-2 企业知识产权战略的SWOT矩阵分析

企业外部环境 \ 企业内部条件	优势(S) 1. 企业有很强的技术创新能力 2. 企业是职务发明的主体,拥有的专利质量高 3. 企业拥有完善的知识产权战略管理体系	弱势(W) 1. 企业的技术创新能力较弱 2. 企业规模较小,资金较少,研究开发成本费用高 3. 有大量的闲置专利技术尚未利用
机会(O) 1. 本国知识产权制度的逐渐完善 2. 国际贸易关税壁垒的逐渐削弱 3. 行业技术的进步 4. 市场对专利技术产品需求逐年增长	SO战略 1. 知识产权许可(S2、S3、O1、O4) 2. 专利技术产品贸易(S3、O1、O2) 3. 设立研究机构,自主研发(S1、O1、O3) 4. 知识产权诉讼(S2、O1)	WO战略 1. 引进技术、知识产权交叉许可(W1、O1、O3) 2. 共同研发获取知识产权(W2、O1、O3) 3. 专利出售(W3、O1、O4)
威胁(T) 1. 发达国家知识产权制度对本国企业加强保护 2. 其他发达国家技术型企业技术进步,竞争力的提高 3. 国际贸易关税壁垒的逐渐削弱 4. 市场知识产权壁垒增强	ST战略 1. 与其他发达国家企业开发合作研究(S1、T1、T2) 2. 设立研发机构,自主研发(S1、S3、T3、T4)	WT战略 1. 引进技术、知识产权交叉许可(W1、T1、T2) 2. 共同研发获取知识产权(W2、W3、T3、T4)

在我国,许多中小企业的知识产权战略意识淡薄,认为小企业无所谓知识产权战略,但是占大多数的中小企业不但是经济发展的主体,而且也是可以引领重大技术创新的。例如,日本JVC公司在1950年还是一家极不起眼的小型科技公司,但在家用录像机的研究与开发上,始终坚持采取自主研发的战略模式,历经近20年的努力,终于成功开发出VHS型家用录像机,并成为业界的领导标准。当时参与家用录像机开发竞争的有Ampex、RCA、索

尼、松下、东芝等国际知名大公司，但最后的创新胜利者竟然是其中规模最小的JVC。

中小企业因为资源与市场竞争力都不足，因此较多采取的是跟随模仿或机会主义的技术策略，像我国大多是技术引进，但产品技术竞争力不高，能够创造的附加价值与利润空间都极为有限。中小企业经营者都知道，成熟市场主要被大型企业所占据，因此大企业习惯于采取市场防御的策略，采取防御策略的企业，为保持技术的完整性，也不吝于投入研发资源，但研发的目的主要还是维护现有产品在市场的优势地位。中小企业若要生存，理想的方法是采取主动创新、自主研发，以持续不断的创新来追求企业成长。因此，未来中小企业在采取领先创新、自主研发战略模式以前，应先重视专利保护与知识产权的经营管理，以保障创新成果所带来的丰厚利润。待企业累积一定规模的创新利益后，再从事需要长期研发投入的重大创新，以持续的技术领先来创造市场的领导。

三、企业知识产权战略的特点

根据众多文献资料描述，企业知识产权战略主要有四个特点。

（一）法律性

企业知识产权战略是依托于知识产权法律制度的，这包括两个方面：一方面，它具有依法确认的特点。企业知识产权战略的制定必须置于法律规范特别是知识产权法律规范的制约下，法律规范是制定企业知识产权战略的行为规则。另一方面，法律规范特别是知识产权法律规范对实现企业知识产权战略目标又具有可靠的保障作用。企业知识产权资源的开发利用与优化配置，是有效的知识产权法律保护和知识产权战略性运用的共同结果，两者缺一不可。

（二）保密性

企业知识产权战略与企业经营战略直接相关，实际上也是企业整体发展战略的组成部分。企业知识产权战略的实施涉及企业经济和科技情报分析、市场预测、新产品动向，以及经营者在某一阶段的经营战略意图，如果被企业竞争对手掌握，将对自己造成极为不利的影响。因此，这些涉及商业秘密性质的内容宜加以保密，企业知识产权战略因此具有保密性的特点。

(三) 时间性和地域性

这一特点是由知识产权的时间性、地域性特点所决定的。就时间性而论，与某一知识产权战略相应的知识产权期限届满或因故提前终止，相关的知识产权战略就应及时调整。就地域性而论，企业在制定、实施知识产权战略时应考虑到知识产权的权利产生地。这一点对于企业实施国际知识产权战略、开拓国际市场是极为重要的。

(四) 整体上的非独立性

企业知识产权战略属于企业经营发展战略的一部分，其目标的实施与企业其他战略往往是相互包含、相互交错的，单纯地运用难以收到满意的效果。以企业知识产权战略中的商标战略为例，它与企业市场营销战略、广告宣传战略、市场竞争战略、企业形象战略紧密相关。不过，整体上的非独立性并不排斥企业知识产权战略的相对独立性。企业知识产权战略有其自身的发展规律。

第二节 企业知识产权战略的制定与实施

一、企业知识产权战略的制定过程

当前，我国中小企业在知识产权方面较少拥有自己的专利产品和技术。一些行业整体缺乏自主知识产权，行业仿制率高。这与我国长期重引进，不重消化、吸收、创新，不重视知识产权战略有关。许多的中小企业甚至没有知识产权保护意识，对培育和发展具有自主知识产权的核心技术重视不够。很多中小企业辛苦经营数年，由于没有根据企业的内外部环境较好地选择属于本企业的知识产权战略模式而在竞争中无法生存下去，特别是一些中小企业研发出来的新技术，创立的品牌产品，却因为没有有效地实施知识产权战略、建立好自己的防护网，而让他人抢先申请为专利和注册商标，从而丧失了专有使用权，反而受制于他人。另外，国外的"专利圈地"运动，进一步压缩了我国中小企业的技术发展空间，不仅抬高了我国引进技术的成本，而且极大地限制了企业的技术研发。

第三章 中小企业知识产权战略管理

企业知识产权战略管理完整过程的展开，大致可分为战略制定、战略实施和战略控制三个阶段。企业通过对企业所处的外部环境和内部条件的战略分析，确定企业总体战略目标，并在总体战略目标的指导下进一步分析企业知识产权的战略环境，确定知识产权战略目标，在知识产权战略目标的框架下制定具体的知识产权战略，继而实施战略、对实施过程进行控制。

一般地，企业知识产权管理可分为市场面、经营面和法律面，只有在各个环节赋予不同部门以具体的职能，才能保证管理的连贯性、应用性和落实性。企业知识产权战略管理工作是围绕知识产权战略管理过程的三个阶段展开的。由于知识产权战略的独特性，即知识产权战略管理工作的本身并不产生知识财产，必须与企业的研发工作相结合，把研发工作产生的知识财产转变成知识产权加以保护和利用，因此，知识产权战略必须与其他经营战略相结合才能取得效果，知识产权战略管理工作也必须与其他职能部门的工作紧密相结合。由于知识产权制度是联系技术和市场的中间环节，因此知识产权战略管理与技术部门和市场部门的关系最为紧密，各部门工作的开展，都是在企业最高领导层的领导下进行的。通过对企业外部环境和内部条件的战略分析，企业高层领导做出企业总体战略目标。

（一）知识产权战略目标的确定

知识产权战略管理部门在制定知识产权战略的过程中，知识产权部门、研发部门和市场营销部门紧密结合。研发部门根据研究现状和技术的发展申请知识产权战略的立项，知识产权战略管理部门根据立项，检索相关信息资料如专利文献，同时，市场部门向知识产权部门提供相关的市场信息，知识产权部门就该立项的可行性做出判断，并在企业战略目标的指导下，结合企业所处的内外部环境确定知识产权战略目标。

（二）知识产权战略方案的制定

企业知识产权战略目标形成后，知识产权战略管理部门通过对技术、市场和知识产权制度的全面分析，制定企业知识产权战略方案。这一过程包括知识产权战略方案的拟定、技术开发策略、知识产权申请策略、知识产权纠纷应对策略和方案的最终确定等。在这一过程中，研发部门根据企业知识产权战略目标，与知识产权部门共同制定技术开发策略，如采用技术引进加以改进策略还是自主开发策略，侧重于创造发明还是外观设计等。知识产权申请策略和应对纠纷的策略则是研发、市场和知识产权工作的结合体。知识产权部门根据研发工作的进展，对研究成果进行及时保护，同时根据市场信息选择不同的保护策略，如对一项成果根据该成果本身的性质和市场状况，选择申请专利或是采用技术秘密，选择申请发明专利还是外观设计专利以及是否申请外国专利等。对于企业知识产权战略的各具体策略的制定，都是围绕企业战略目标和知识产权战略目标进行的，其最终的目的是增强企业的市场竞争力，取得更大的市场占有率和控制力。

（三）知识产权战略的实施和控制

知识产权战略的实施是具体战略方案的实行过程。研发部门在技术开发策略的指导下工作，并与知识产权部门保持密切联系，一方面有利于对研究成果的及时保护，另一方面通过知识产权部门对专利文献等情报的分析，可以指导研发部门的工作，帮助其节省时间和费用。研发部门所取得的知识产权成果通过生产部门和市场部门进行转化。市场部门将产品的市场状况（产品的销售情况、产品的侵权和被侵权情况）反馈给知识产权部门，知识产权部门对知识产权战略进行及时有效的调整，再指导研发工作的开展。因此，知识产权战略的实施和控制是一个循环过程。在这一循环过程中，知识产权战略管理部门要密切跟踪技术和市场情况的变化，及时地调整和改变各种策略以保证战略目标的实现。

二、企业知识产权战略模式的选择

根据企业的自身条件和技术的先进与否，可以将企业分为四大类：

第一类企业，如美国等发达国家的一些实力雄厚的技术型跨国企业，已经具备很强的技术开发能力，在重大攻关领域实行优先发展、跨越发展，占据世界领先水平，拥有一定数量的专利技术，并且企业已经走向国际市场，可以采用进攻型知识产权战略模式进一步占领国际市场。

第二类企业，如欧洲一些发达国家的技术型跨国企业，虽然竞争力较强，但相对于美国企业其竞争力一般，因此，企业可以选择攻守兼备型知识产权战略，在发达国家申请大量外围专利进行防御，在发展中国家利用技术优势，通过先进的专利技术进攻他国市场。

第三类企业，如发展中国家的一部分技术型大企业，在参与国际市场竞争中，由于企业的技术、资金、人员等实力相对于发达国家的技术型跨国企业处于劣势，竞争力一般，这一类型的企业适宜选择以防御为主的攻守兼备型知识产权战略，短期内主要靠引进国外先进技术，进行消化吸收和再创新，通过申请大量的实用新型和外观设计的外围专利来防御国外企业的知识产权战略进攻，而在中长期内不断加大技术研究开发的投入，用以提升自主创新能力。

第四类企业，如发展中国家众多的技术型企业，企业的竞争力普遍很弱，企业技术水平低下，企业拥有的专利技术很少，这一类型的企业同样需要注重企业知识产权工作，它们可以采取典型的防御型知识产权战略，根据企业技术能力，积极对产品进行外围改进，申请实用新型和外观设计专利，同时，可通过专利调查，有效地利用失效专利为企业创造价值。

第三节 我国中小企业知识产权管理的基本问题与解决方案

一、中小企业知识产权管理的基本问题

当前，我国中小型企业在知识产权管理中，主要存在以下五方面问题：

（1）知识产权意识总体低下。我国中小企业普遍缺乏足够的知识产权意识，普遍存在有制造无创新、有创新无产权、有产权无应用、有应用无保护的状况。特别是相当多中小企业的发展源于过去的"三来一补"，普遍存在不了解自身知识产权、不尊重他人知识产权的现象，仍在走仿冒之路，侵权仿冒他人专利技术产品，在市场经营和广告宣传中随意搭乘他人驰名商标的"便车"，甚至造成经营上、法律上的严重后果。

（2）知识产权创造水平低下，严重缺乏拥有自主知识产权的技术和产品，特别是缺乏自主知识产权的核心技术，对外技术依存度高。据国家统计局调查资料显示，我国99%以上的中小企业从来没有申请过专利。

（3）知识产权管理十分薄弱，甚至处于空白状态，中小企业知识产权战略更是缺失。绝大部分中小企业尚未开展知识产权管理工作，缺乏知识产权

管理制度和机构，知识产权战略发展基本处于真空地带。

（4）保护自身知识产权的能力和水平低下。"入世"以来，我国企业，特别是中小企业普遍面临国内外知识产权竞争的压力。目前，越来越多的中小企业涉足海外市场，但随之而来的是越来越多的知识产权纠纷。中小企业普遍不知道如何避免侵权，更不知道如何保护自身权益。从DVD、手机、数码相机，到轿车、摩托车、打火机等，受到外国企业的知识产权打压。仅以美国"337调查"为例，截至2007年底，美国对我国产品发起了79次调查，自2002年以来，中国连续成为遭受美"337调查"最多的国家，成为"337调查"最大的受害国。

（5）知识产权运用水平低下，支持中小企业知识产权产业化的社会专业服务平台缺乏。一方面，中小企业普遍不善于运用自身开发的知识产权；另一方面，由于我国支持中小企业知识产权产业化的社会专业服务平台缺乏，中小企业在寻求高校、科研院所、社会发明人等主体的知识产权技术时，缺乏路径。此外，中小企业缺乏知识产权产业化融资支持，更导致了我国专利技术成果运用转化率低。

二、中小企业知识产权战略实施的问题的解决方法

中小企业应如何实施科学的知识产权战略？中小企业的知识产权战略包含企业知识产权的创造、运用、保护和管理的全流程。实施科学的知识产权战略，不仅要提高自主知识产权的拥有量，而且还要合理协调各种具体的知识产权，进而提高知识产权的运用效益，降低知识产权的运用成本，有效保护企业知识产权，扩大、维护企业的市场占有率。中小企业如何实施科学的知识产权战略，可主要从以下四方面考虑：

第一，提高知识产权意识，培养企业知识产权文化。所谓知识产权意识，主要指对知识产权的价值及其权利归属的正确认识。知识产权的价值既包括其基本价值，也包括其运用价值。知识产权权利的归属，首先是权利主体的问题，其次还有权利内容的问题。知识产权的具体内容不同，其权利主体和内容也是不同的。在现实生活中，不少企业或许已注意到了对权利主体的尊重，却往往忽略了对权利内容的认识。就企业而言，知识产权文化是企业文化的重要组成部分。中小企业自身因素是制约中小企业知识产权制度发

展的重要原因。这首先表现在企业领导人认识高度不够。国内许多中小企业的老板和管理者认为只要拥有技术,招揽技术人才,就可以谋得企业的发展,从而忽视了知识产权文化在现代企业发展中不可或缺的作用。

第二,建立健全企业知识产权管理的组织体系。中小企业在发展初期要设置专门的知识产权岗位,这是一个中小企业进行知识产权保护的第一个关键步骤。目前,我国大部分中小企业的知识产权岗位有两种专业类别:一种是技术类专业类别,另一种是法律类专业类别,两种类别互相补充,比较利于工作开展。

中小企业发展到一定阶段后,应当进一步健全企业知识产权管理组织体系。首先,建立决策层的知识产权协调机构,协调企业内部各单位之间有关知识产权的事宜。企业知识产权的开发和运用,涉及企业经营战略以及其他众多方面的管理活动,因此,对知识产权开发和运用的决策,应当由企业高层管理机构做出。其次,建立知识产权管理的专门机构。负责拟定企业知识产权的发展战略,交由企业决策层决定,负责落实有关知识产权管理的各项任务;收集整理与企业经营活动有关的各种知识产权信息,并进行分析研究,及时将有关情况报送企业相关部门。最后,配备齐全的知识产权专业工作人员。知识产权管理的内容涉及技术开发、技术运用、产品商标设计与保护以及市场跟踪等多方面,因此必须由各种专业工作人员来具体操作实施。

第三,加强企业知识产权的信息管理。企业知识产权信息管理的内容既包括对企业内部有关知识产权信息的管理,也包括对企业外部相关行业知识产权信息进行收集和分析的管理。企业内部知识产权的信息管理主要是对已有知识产权的各方面信息进行分析研究,分类整理存档,妥善保管。对企业外部信息的收集主要包括:科技发展的各种信息,相关企业技术研究的重要信息,相关知识产权法律保护的基本范围的信息,有关知识产权法律保护基本规则及其变化的信息。

第四,制定科学合理的知识产权战略实施方案。企业知识产权战略大体可分为四种:进攻型战略,抢占技术发展制高点,占领或扩大市场;防御型战略,以求抵御对手的强大攻势,保护自己已有的良好市场状况;跟进型战略,跟踪已有的先进技术,结合自身特点开发新技术或新产品;混合型战略,从企业和市场的实际情况出发,综合采用进攻、防御和跟进各种方式的战略。企业要根据自身情况，制定科学合理的知识产权战略实施方案，并贯彻实施。

必须进一步增强企业的知识产权意识，提高企业运用知识产权的能力。一要加强宣传教育，使经营管理者和广大职工都能意识到知识产权不仅是企业的无形资产，而且是国家法律赋予产权所有者的一种特殊的合法垄断权利，可以通过对市场的独占而实现超额利润，是更为有效的竞争手段和更为强大的竞争武器，是企业核心竞争力的标志和体现。通过宣传教育，增强员工的知识产权保护和创新意识。二要加强培训，促进企业掌握相关的法律、法规和国际惯例，提高企业运用知识产权的能力。三要在大中型企业中开展实施知识产权战略的试点工作，引导企业研究分析国内外竞争对手知识产权战略的实施情况，学习借鉴国外企业的成功经验，通过试点以点带面。四要认真制定并不断强化企业知识产权战略，将知识产权战略与企业发展战略有机结合起来，根据企业在知识产权上的优势来研究制定企业发展战略，确立企业的发展方向和战略目标。

章后案例

西安高新区公司知识产权管理存在的问题

西安高新区积极应对严峻的宏观经济形势，在国内外市场低迷、企业利润下滑、指标压力大等不利情况下，在政策方面，加大了专项资金扶持力度，出台了《关于保增长促发展的若干政策措施》，设立了7亿元战略性新兴产业发展专项资金和3亿元的经济发展专项资金，有效发挥了政策的引导激励作用。据悉，2012年，高新区全年规模以上工业总产值突破700亿元大关，达到707.83亿元；实现工业销售产值668.84亿元，同比增长17.83%，产销率94.5%。完成规模以上工业增加值185.2亿元，同比增长17.2%，高出全国7.2个百分点，高出全省0.6个百分点，高出全市4.2个百分点，在高新区公司的带动下经济增长飞快。西安高新区是各种各样的公司聚集地，随着经济的增长，专利申请数目也在不断增加。据西安市科技局分析，2013年西安专利申请结构更加优化，发明、实用新型、外观设计三大类专利申请所占比例分别为42%、35%、23%，其中，最能反映自主创新能力和商业价值的发明专利申请量同比增长了62.9%，增幅最大，所占比例最高，体现了西安市创造能力的大幅提升。在专利申请量中，企业专利申请量大幅提高，达到16921件，占比超过60%，在申请人类别中增幅最大，成为西安市知识产权创造的主力。

"专利铺就成功路"，在位于高新区的西安新竹防灾救生设备有限公司内，一幅全国人大常委会原副委员长蒋正华的题词置于门厅最显眼的位置。这是对新竹公司生存发展最为精练的概括。1992年，新竹就是靠掌门人王虎儒个人研发获得的"自动灭火器"和"水力空气泡沫灭火装置"两项专利开始起步的。以坚持自主研发、不断取得技术创新作为企业核心竞争力，该公司共取得近200项专利，其中三分之一转化成技术产品，占领了国内消防设备市场的龙头位置，2011年公司销售收入达到1.7亿元。

"技术积累是企业的生命力，它决定着企业在激烈的市场竞争中能走多远"。王虎儒拥有个人专利87项，在消防救灾业已成为知名专家。他对发明创新高度重视甚至到了痴迷的程度，成就了企业的今天。他曾投入1000多万元，建成了10座消防、救生检测实验室，成为我国消防行业唯一齐全的大型试验中心，并被世界上最权威的美国UL安全中心指定为其在中国的检测机构。公司成立以来，王虎儒在科研方面的投入累计超过2000万元。高空快速逃生是个世界性难题，新竹公司利用两年多时间探索出一种全新的"柔性通道贴身缓降方式"，并成功生产出柔性救生滑道专利产品。如今，这一产品已经装备在我国"神五""神六""神七"宇宙飞船发射塔，探月工程，磁悬浮列车及许多大型军工项目上，成为我国救生产品的骄傲。

其实，新竹防灾救生设备有限公司只是西安创新型企业庞大队伍中一颗颇为耀眼的明珠。为通信网络与信息系统提供安全关键技术的西电捷通无线网络通信有限公司，也是在国内产生广泛影响的自主创新企业典范。该公司依托西安强大的科技优势和研发能力，成为中国宽带无线IP技术领域的先行者。到2011年，西电捷通共申请国内、国外专利500多项。陕西鼓风机（集团）有限公司是我国大型专用鼓风机生产企业。近年来，该公司通过大力推动重大专利产业化，主导产品轴流压缩机拥有9项专利和中国驰名商标、中国名牌产品称号，稳步占据市场主导地位，快速成长为中国机械工业500强、销售收入前100强企业，企业规模从4亿元成长为50多亿元，品牌价值达到 185.77 亿元。

通过对西安高新区公司的现状和我国大多数中小型企业现状的分析可知，我国企业目前涉及知识产权问题时大多是通过聘请律师帮助解决，大多数企业还没有认识到专业机构的重要性，也没有设置专业人员从事企业知识产权的管理研究及开发，同样也缺少严格的规章制度来对知识产权管理加以指导。这种种迹象表明企业知识产权管理制度不完善是我国企业知识产权管理方面存在问题的更深层次原因，其产生的影响更为深远。

制度是决定人们相互关系的、人为设定的一些制约性规则，制度的缺陷会增大人们在知识产权活动中的交易费用，缺少激励人们实施知识产权管理的利益动因。没有法律制度保护知识产权所有者的收益，人们不仅缺少知识产权管理的积极性；相反，还会因侵害他人的知识产权不受处罚而产生仿造、假冒和不正当竞争行为等。我国中小型企业知识产权管理中存在的问题，最根本的原因就是由制度方面的原因引起的。制度不是天然就有的，制度的形成与完善是一个不断变迁的过程。企业内部的知识产权管理规章制度的形成是一个缓慢的过程，这也是我国企业内部知识产权管理规章制度目前仍不健全的原因之一。企业知识产权管理的外部环境则主要是强制性变迁，依靠政府颁布的法令。然而，我国政府过去阶段的任务重心是进行经济体制改革，推动现代企业制度的建立，而政府本身的机构改革有些滞后，这会造成一方面立法不完善，另一方面政府机构效率低下、执法不力降低了强制性制度变迁的作用。在西安高新区中被调查的 100 家中小企业中，制定了知识产权内部规章的企业有 12 家，占有效样本的 12%，正在制定规章的企业有 45 家，占 45%；没有制定规章的企业 43 家，占 43%。近 4/5 的企业正在建立或根本没有建立知识产权内部规章。

我国过去科研与生产相分离，企业仅是生产基地，科研开发主要由大学、研究所承担，由国家进行计划分配，导致企业研发能力薄弱，而大部分科研成果累积在高校、研究所，不能产业化、商品化；同时，也缺少精通知识产权管理与运作和专利许可业务的专门人才把企业与高校、科研机构联系起来。我国很少有企业有专门的知识产权管理机构，有关知识产权的管理均当作法律事务处理，缺少能把企业知识产权管理与企业业务紧密结合的专业人才，导致许多专利申请后无人管理，未能充分利用。在中小企业中，由于企业规模、经济实力有限，专、兼职人员都没有设立。兼职形式的知识产权管理，更多的是造成了企业知识产权管理水平低下，对知识产权运用和管理能力差，使一些企业在开始研发前，连最起码的专利文献运用能力都缺乏，造成企业多方面浪费。

企业管理层缺少专业人才是西安高新区中小企业知识产权管理薄弱的主要因素之一。美国IBM公司专利工程师有500多人，微软公司全球25000名员工近1/5从事知识产权工作，索尼和日立公司均有300多人从事知识产权工作。西安高新区80%的中小企业知识产权法律、管理、经营人才几乎是空白。

以上是西安高新区企业知识产权战略实施中存在的问题，也是我国大多数企业存在的基本问题。根据以上存在的问题，可以思考，中小型企业应该怎样正确实施知识产权战略？

第四章 中小企业技术创新与知识产权战略

第一节 中小企业技术创新与知识产权制度的关系

要理解技术创新与知识产权保护的关系，我们可以引用目前比较完善的知识产权国际法律即作为世界贸易组织重要组成部分的《与贸易有关的知识产权协议》（以下简称 TRIPs）中的目标来说明："通过知识产权的行使，促进技术的革新、转让和传播，以有利于社会福利的方式促进生产者与技术知识使用者间互利互惠，并促进世贸组织成员间权利、义务的平衡。"由此可见，这个目标强调了国际公认的基本公共政策目标：一是知识产权促进技术革新、技术转让与技术传播；二是生产者与技术知识使用者间的互利互惠，权利和义务的平衡。知识产权保护制度是企业技术创新的保障制度。在这个制度的保障下企业能从创新和发明创造中获利，进而又可以鼓励和帮助其进一步创新，社会也由此取得收益。

一、企业技术创新的市场激励：利益驱动和竞争驱动

在市场经济条件下，技术创新的根本动力主要来自市场的激励，它包含两个核心方面，即利益驱动和竞争驱动。市场的利益激励机制关键在于对投入给予有刺激的收益回报。技术创新依赖人力资本的投入，依赖研究与开发的巨大投入，技术创新最终必须通过产品或服务创新而走向市场，从技术到市场之间仍需要巨大的人力、物力、财力的投入，最后创新的产品或服务只有进入市场并最终为市场所接受和认可，技术创新才能最终为创新者带来收益。这种回报若能得到有效保障，市场就能为技术创新提供持久的和巨大的

激励,从而为进一步的创新提供强大动力。技术创新的另一个市场激励来自竞争压力。在市场中超越竞争者需要技术与产品创新,同样,要防止被竞争者超越和击败,也必须依靠技术和产品的创新,并时刻维护和保持创新的能力和创新的优势。这正是市场竞争机制给予技术创新的驱动力。技术创新的市场激励制度要发挥其正常的和有效的作用就必须依赖另一项制度的匹配与保障——知识产权保护体系。

二、技术创新的保障制度——知识产权保护体系

保护知识产权实际上也就是保护知识产权持有人的正当合法权利,使其在创新与发明方面的巨额投资能带来预期的或应得的收益回报。技术创新难且投资大,却通常较易复制和模仿。技术的模仿者或抄袭者并没有为技术创新和发明创造投入什么,却能从中获益。相反,技术的发明者和创新者就很难从自己的发明创造中获利,甚至连发明创造的投资也无法收回。其必然结果就是知识和技术的创新之火就会渐渐熄灭,因为市场激励机制对创新的利益驱动力如无源之水而日趋枯竭。知识产权保护体系也起着保护市场公平竞争机制的正常发挥和运转的作用。因为,如果没有健全的知识产权保护体系,新技术发明者和新产品开发者的创新成果就会任意地被市场竞争者窃取或仿制,致使对新技术或新产品开发投入巨资的创新者反而在竞争中处于不利境地,明显丧失市场竞争应有的公平性和公正性,使创新者失去创新的驱动力,干扰了市场竞争机制对技术创新的竞争驱动作用的有效发挥,最终使市场竞争机制本身也难以为继。正因如此,知识产权保护体系中的专利以及商标、工业品外观设计、版权、地理标志及商业秘密等内容赋予了技术创新正当的专有权,并从法律上加以确认和保护。

三、知识产权保护制度能促进技术创新资源的优化配置

知识产权保护制度不仅能有效促进知识的创造和技术的发明,而且能激励知识产权的交易,促进知识和技术传播与应用,从而促进智力资源的优化配置。首先,知识产权制度可以有效地保护技术创新持有企业的利益,确保它们在知识产权的产业应用和交易中获取丰厚收益,从而鼓励和促进该企业将更多的资源进一步投入技术创新当中。其次,在知识产权制度下,由于技

术创新可以得到有效的法律保护，从而解除了技术创新的企业向社会公开其专利内容的后顾之忧，这就可以促进技术创新成果较迅速地以文献或其他形式向社会公开与传播，这可以节约资源或减少资源浪费，从而促进智力资源的优化配置和效率提高，节约经费、节约时间。再次，知识产权保护制度有助于技术创新持有者转让或产业化应用技术成果，也有助于吸引更多资源进入从技术开发到市场营销的各个环节或领域，加快技术成果转化。同时，知识产权制度通常伴随着反不正当竞争制度，它可以有效制止假冒伪劣产品和侵犯知识产权行为，达到净化市场环境、促进市场竞争有效发挥的作用。最后，比较完善的知识产权国际法律 TRIPs 有助于促进知识和技术的全球交易，既激励技术富有者（主要是发达国家）输出技术产品或专利，也有助于技术稀缺者（主要为广大发展中国家）获得新产品、新知识及新技术。

第二节 我国中小企业技术创新模式的选择及知识产权保护制度的完善

在日趋激烈的市场竞争中，企业要想立于不败之地就必须结合自身特点，制定明确的技术创新战略。对于我国中小企业而言，其技术创新战略有两种选择，即自主创新战略和模仿创新战略。

自主创新战略是指企业通过自身的努力和探索产生技术突破，攻破技术难关，并在此基础上依靠自身的能力推动创新的后续环节，完成技术商品化、市场化而获取利润。自主创新战略从总体上看有一定的率先性，是一种对领先者较为适用的战略，中小企业必须具备一些基本战略要求。例如，担任主角的企业家要有强烈的创新精神和敏锐的市场调查力；技术基础和技术积累雄厚等。我国是一个发展中国家，中小企业技术水平总体上还不高，研究开发能力较为薄弱，进行自主创新尚有一定困难。然而我国中小企业要想持续健康地发展，要真正走向世界，在国际市场上赢得并保住市场地位，就必须有强大的技术自立能力，必须发展自主创新能力。建立自主创新机制，应成为广大中小企业努力追求并为之奋斗的长远目标。模仿创新战略是指企业通过模仿率先创新者的创新思路和创新行为，吸取率先创新者的成功经验

第四章 中小企业技术创新与知识产权战略

和失败教训，引进购买或破译率先创新者的核心和技术秘密，并在此基础上改进完善，进一步开发与发展。模仿创新也是一种创新行为。我国中小企业较为理想和现实的技术创新战略是模仿创新战略，因为，我国大多数中小企业科技人力较缺乏，不具备研究开发能力。此外，从客观上讲，大多数中小企业的技术水平与国内外先进技术之间存在一定的差距，两者形成一个较明显的技术梯度，这是我国中小企业采取模仿创新后发优势的客观基础，模仿创新也是企业步入自主创新必经的阶段。因此，模仿创新战略将在相当长时间内成为我国中小企业自身主导的技术创新战略。

无论是自主创新还是模仿创新，其中都包含着大量创造性的劳动成果，都会形成知识产权。因此，只有在知识产权制度的保护下才能使率先创新者的合法权利不被侵犯，同时模仿创新者进一步形成的合法知识产权也不被其他跟进企业非法侵占。否则，中小企业就会丧失从创新投资中获取收益的机会，增加技术创新的风险，不利于提高中小企业增加研究开发投入和参与技术创新活动的积极性。

我国中小企业知识产权方面暂时面临一些难题。我国中小企业知识产权的意识淡薄，缺乏对知识产权价值的认识，更缺乏知识产权制度和保护体系的意识，成为技术创新的障碍。主要表现在：第一，存在侵权行为嫌疑。我国中小企业技术创新主要采用"引进和模仿"的方式进行技术开发，据有关资料统计，在化工产品50个品种中，仿制率为95%，精细化工3600个生产品种，属于仿制的占97%。因此，中小企业必须注意与国外研发部门、生产部门交流和协调，避免因侵犯知识产权而遭到贸易制裁。第二，存在被侵权现象。我国中小企业因害怕承担申请专利所需要的费用和人力，或者担心技术秘密的泄露等，而不愿意通过专利注册对技术创新成果进行保护。当然，这与我国现有专利制度的缺陷和复杂的程序有关。

充分利用和完善知识产权保护中的专利制度，保护中小企业的自主创新技术。对技术创新起主要作用的知识产权保护法律、法规主要集中在专利和专利制度的建设方面。世贸组织将专利制度对技术创新的促进作用归结为五个主要方面：①鼓励研究开发新技术；②为新技术成功地应用于产业创造环境；③促进技术的扩散；④为制定技术发展规划和战略提供依据；⑤为吸引外资和引进技术提供制度的结构。我国中小企业可采取以下专利政策：①专利控制策略。了解相关技术领域中的开发研究现状和专利申请现状,对未来技术的发展方向做出准确预测。将核心技术研究成果通过专利来加以保护,从而实现企业在该技术所在领域的控制。②专利申请及时性策略。我国《专利法》不保护首先获得技术突破但未申请专利的创新者,而只保护首先申请专利的创新者,所以企业应注意专利申请的及时性。先提出专利申请案,然后再发布学术成果或将有关产品上市。③专利外围保护策略。这主要表现为在自己的核心专利周围设置许多原理相同或相似的小专利,从而组成一道专利保护网,使其他企业不可能接近企业用专利保护的核心技术。④专利转让策略。企业在适当的时候向适当的对象对所持有的新技术进行适度的转让,可以获得丰厚的经济回报,这种回报有时甚至能远远超过研究开发的成本投入。专利转让还会诱导一批企业成为自己的跟随者,可以顺利推广自身的技术规范,推动行业的发展,确保自身在行业中的领先地位和核心地位。

为了确保我国的专利制度对中小企业技术创新起到充分的保护作用,修改和完善现有的专利制度是非常必要的。一是切实加强专利管理机关的地位,强化执法手段,加大执法力度;二是进一步完善强制许可等有关条款;三是加快专利审批速度,切实解决专利申请快速增长与现有专利审查能力不足的矛盾;四是加快专利信息自动化步伐。此外,还应大力推进企事业单位知识产权工作和专利实施工作,对企业采用专利技术给予一定的政策优惠,包括制定科学的定价制度、税收制度以及政府补贴的公共采购制度等,保证创新收益在创新企业与企业间合理分配。

妥善处理知识产权保护与中小企业模仿创新之间的关系。模仿创新最敏感的问题是可能出现知识产权纠纷问题,然而模仿创新与知识产权之间并无对应关系,模仿创新本身并非是一种不高尚行为,更不能等于剽窃。从全社会利益的角度看,没有模仿创新,就没有新技术的普及扩散,就不会有整个社会的经济发展。某些情况下模仿创新与知识产权保护之间可能会发生一定的矛盾,但这种矛盾是完全可以解决的。模仿创新中通常会涉及专利技术、技术秘诀、商标、著作权四类知识产权,在知识产权所覆盖的地区和市场中,模仿创新企业只要依照相应的产权法律,按适当的形式给知识提供者以符合法律、双方认可的物质与精神补偿就不会构成侵权行为。这种补偿一般不会显著地增加模仿创新的成本,与自行研究开发相比,其代价要小得多,与非法模仿相比，对于极为复杂的技术仍然是比较经济的，因为非法模仿中，必然有许多信息丢失，寻求这些技术细节的代价和效果不一定优于合法模仿。事实上，企业应充分认识到知识产权制度对模仿创新是起着促进作用的，这样就可以合法、大胆地进行模仿创新。首先，知识产权保护一切合法知识产权持有者的利益，模仿创新作为一种创新活动，其中包含着大量创造性劳动成果，同样形成了知识产权。所以，知识产权制度保护作用是双边的，它不仅保护着先创新者的合法权利不被侵犯，同时还保护着模仿创新者进一步形成的合法知识产权不被其他跟进企业非法侵占。模仿创新也可以借助专利保护，通过大量申请外围专利武器对率先创新的基本专利进行包围，限制率先创新者的发展，赢得竞争胜利。其次，知识产权信息服务系统的完善为模仿创新企业更快更好地检索最新创新成果和技术发展方向、确定模仿创新方向，提供了良好的条件。从现实情况看，一个国家专利所提供的技术信息无疑是关于工业技术发展最全面、最权威的记载，它反映的不仅是国内企业单位和个人所拥有的技术成果状况，而且包括了大量国外企业申请的专利，这些高水平的专利申请为我国中小企业模仿创新提供了重要的技术信息，我国一些企业正是以专利文献为有力工具而成功地开展模仿创新的。最后，通过知识产权的合法交易，可节约模仿创新者在技术需求方面的资金和时间耗费，使模仿创新者能够更好地接近和掌握率先创新者的核心技术，使模仿者创新更富效率。

第三节 中小企业技术创新与知识产权战略的互动关系

企业知识产权战略模式大体上有进攻型知识产权战略、防御型知识产权战略和攻防兼备型知识产权战略等形式。企业选择何种知识产权战略模式，受到技术创新的内外部条件和环境的影响。反过来，企业选择与技术创新特点相适应的知识产权战略模式，也能更好地促进技术创新。

不同技术创新背景下企业知识产权战略模式大体上可以从企业内外部的条件、环境两方面加以分析。就企业内部条件与环境而言，企业本身的技术研究开发能力、创新资源数量和结构、创新企业技术研发中的知识产权战略新技术、新产品研发中的创新策略管理能力、市场营销能力等是决定企业本身技术创新能力的基本要素。一般而言,技术创新能力强的企业应实行进攻型知识产权战略,这类企业以开发核心技术和培植高信誉品牌作为基本目的,以此获取市场竞争优势。技术创新能力弱的企业自然应以防御型知识产权战略为基本的战略形式,这类企业可能表现为创新资本不足、研究开发力量不强或创新管理能力较弱,通常以模仿创新、二次创新为突破口和基础,逐渐积累技术资本和实力,适时实现技术跨越。有些企业技术创新能力不强,但在创新理念、市场营销和创新组织方面具有一定优势和特色,则可以实行攻守兼备型知识产权战略,在市场细分战略指导下实现局部突破,逐步培养核心技术。企业实力和组织构架决定的企业战略模式也是其选择知识产权战略模式的重要因素,而这与上述企业技术创新具有相辅相成的关系。例如,技术领先、具有强大经济实力的企业采取领先型战略模式,在知识产权战略模式上显然应以进攻型知识产权战略为主;而那些模仿、跟随型企业,缺乏核心技术、研究开发能力不强的企业,应以防御型知识产权战略为主导。至于企业产品的特性与知识产权战略模式的关系则需要具体分析。企业产品特性涉及产品在技术上的先进性和在市场上是否容易被模仿。有观点认为,技术先进但不容易被模仿的技术宜采用进攻型知识产权战略,而产品属于低端且容易被模仿时应实行防御型知识产权战略。实际上,产品特性可以在一定程度上决定知识产权战略实施策略,如容易被模仿的技术不宜实施商业秘密保护模式,而应采取专利战略手段,但这并不是选择进攻型或防御型知识产权战略的问题。因此严格地说,产品特点更多的是影响企业知识产权战略的实施策略,而不是在进攻型与防御型战略之间做出选择。企业外部条件与环境也是决定其选择知识产权战略模式的重要考量。例如,企业面临的市场竞争结构对其开展技术创新活动具有重要影响。当企业处于市场竞争结构的优势地位甚至垄断地位时,自然应以进攻型知识产权战略为主。当前,很多跨国公司都是在相关技术领域占据优势地位的大型企业,实施进攻型知识产权战略是其知识产权战略的基本特点,而我国大量中小企业在市场竞争结构中处于劣势地位,面对跨国公司的知识产权战略进攻,只能以防御型知识产权战略为主。上述基于企业技术创新环境的内外部条件的考量反映了企业知识产权战略选择应符合自身条件。

第四章 中小企业技术创新与知识产权战略

知识产权战略模式导向下的技术创新模式选择与创新战略，除了上述根据企业内外部条件和环境确定企业知识产权战略模式外，还可以从企业知识产权战略模式出发，研究技术创新模式。从理论上说，企业技术创新并无固定模式，但特定企业的技术经济实力及其面临的环境，以及企业选取的知识产权战略定位，能够为确定理想的技术创新模式提供决策依据，而在特定的知识产权战略模式下，也存在相应的企业技术创新模式。如有学者研究发现，无论是自主创新还是模仿创新，企业选择特定的创新模式与特定国家或地区的知识产权保护程度相关。在一定的知识产权保护状况下，企业会基于对劳动力投入和自身创新资源状况在自主创新与模仿创新中做出选择。当然，企业知识产权战略模式选择本身需要基于技术创新目标和企业经济技术实力而确定。不过，企业技术创新与知识产权战略之间具有十分密切的联系，在企业技术创新的不同阶段和环节中需要以知识产权战略指导技术创新活动，如专利情报战略、专利申请战略、创新成果产品化阶段的品牌战略、对竞争对手采取专利对策等。从企业技术发展战略的角度看，企业需要考虑很多因素以便进行战略因素的选择和决策。有学者认为，其主要内容有"战略目标（领先者、追随者或模仿者）、技术来源（自主开发、技术转移或合作开发）、技术创新方式（产品创新或工艺创新）、技术变化程度（重大创新或渐进创新）、核心技术优势扩张方式（垂直一体化和多元化）、效益实现方式（出售新产品或转让新技术）"，并认为基于企业技术发展目标，企业应优先对战略目标、技术来源和技术变化程度做出选择，而"战略目标与技术来源的不同很大程度上决定了技术变化程度的差异"。有学者进而指出，企业技术发展战略大致有以下七种类型：率先型技术发展战略、追随型技术发展战略、吸纳型技术发展战略、合作型技术发展战略、创新孵化型技术发展战略、能力移植型技术发展战略、产业协作型技术发展战略。本书则认为，根据企业资源和能力情况以及企业技术战略目标和技术来源等情况，企业技术发展战略确实可以分为上述不同形式。不过，大体上仍然可以在技术领先战略与技术跟随战略两大类型中展开讨论。基于企业知识产权战略的基本分类，以下分别对进攻型知识产权战略和防御型知识产权战略导向下的企业技术创新模式选择进行探讨。需要指出，一个企业在选择一种创新主导模式的同时，也可以兼顾其他模式和几种模式的组合，这应根据企业发展状况而定。

企业进攻型知识产权战略导向下的原始创新与集成创新及其技术领先战略自主创新分为原始创新、集成创新和引进消化吸收再创新等类型。提高企业原始创新、集成创新和引进消化吸收再创新的能力，是提高我国企业自主创新能力的基本途径。这三种创新模式各有其特点和规律，企业需要根据其自身特点予以选择。从国资委的一项调查数据看，上述自主创新模式在我国企业中的比例分别为37.3%、20.9%和41.6%。一般来说，实施进攻型知识产权战略的企业有较强的经济技术实力，特别是具有自主开发知识产权的能力，如国外跨国公司、我国行业领域中的一些龙头企业，以及在细分市场具有优势的企业。与进攻型知识产权战略相应，这些企业一般在原始创新、集成创新方面获得突破。所谓原始创新，它是基于基础研究和重要技术变革而进行的创新活动，是通过理论研究和科学实验探索事物的运动规律、现象结构和相互关系的过程。或者说，是将科学理论创造性地运用于解决国家经济社会发展的重大问题的过程。原始创新往往具有技术突破的意义，特别是在基础研究和高科技方面取得重大突破，是创新的最高境界。原始创新可以在学科前沿和高新科技关键领域取得重大突破，获得拥有自主知识产权的技术和产品。原始创新是我国经济社会实现跨越式发展、大幅度提高自主创新能力的关键，是我国自主创新战略的核心。原始创新被认为是一种根本性的创新和最具智慧的创新，它对于国家科技进步和社会发展具有重大意义。与此同时，原始创新也具有巨大的风险性、高难度性和探索性特征。原始创新与基础研究直接相关，如果不能在基础研究方面有所突破，则很难实现重大的原始创新。然而，通过分析近些年来我国基础研究投入的情况，可以发现我国在这方面存在不少问题。表4-1显示的是我国研究开发经费中基础研究、应用研究和实验发展经费的分配数量和比例，从表4-1中可以看出我国基础研究费用占研究开发总经费的比例在5%左右，与国际上的比例13%~28%相差很大。由于基础研究经费在研究开发经费中比例过低，为提高我国自主创新能力，实现技术跨越式发展，应当加大对基础研究的投入。我国科技创新人力资源主要集中于高校和科研院所，企业所占比重过低，这直接导致我国企业的原始创新不够，原始创新多集中于高校、科研院所和少数大型企业集团。与此对照，欧美国家科研成果70%以上来自企业。以原始

第四章　中小企业技术创新与知识产权战略

创新为目的的基础研究，显然需要更多依托于产学研一体化的技术创新体系加以实现。从这里也可以看出，建立以企业为主体、以市场为导向的产学研一体化的技术创新体系的极端重要性。集成创新则是通过对现有的技术创新资源、管理资源与现有技术的系统整合、优化配置而形成的创新，是融合多种创新手段，有效集成不同创新主体的创新资源、创新能力、创新成果，形成新的技术优势的创新模式。在当代，随着企业技术的多元化和多种技术的融合成为技术发展的主流趋势，而且技术的整合能力与新产品生命周期和企业竞争能力紧密相关，技术创新具有更现实的意义。集成创新可以形成具有竞争力的产品和产业，对于实现重大科技成果的产业化和商业化，实现产业技术的升级换代，具有重要意义。我国在2006年"十一五"科技攻关计划中就提出了"突出集成创新"的创新思路。显然，与进攻型知识产权战略对应的上述企业技术创新的原始创新、集成创新模式相呼应，在技术创新战略上应实行"技术领先战略"。所谓企业技术领先战略，是在企业"市场领先战略"的指导之下，以主动开发具有领先性的先导技术、关键技术、核心技术、基础技术为目标，力图凭借领先的技术占领市场和控制市场，以获取高额垄断利润的技术创新战略模式。从我国自主创新战略的内涵看，企业技术领先战略具有开路先锋的重要地位，因为我国的自主创新战略强调在原始创新、集成创新和引进消化吸收再创新基础上，实现对关键领域，重大关键技术、共性技术、前沿技术和基础研究的突破，取得一大批在世界上具有影响的科技成果。以华为公司为例，华为公司的自主知识创新非常注重与自身实际的结合。在不同阶段，华为公司采取不同的技术发展战略，并考虑发展前景：第一阶段：1988～1991年为知识引进阶段；第二阶段：1992～1999年为模仿性创造阶段；第三阶段：2000～2002年为企业内自主创造阶段；第四阶段：2004～2009年为向内外互动式创造过渡阶段。从第三阶段开始，华为公司就开始注重资源的整合与高效运用。华为公司在知识创新上走出了一条整合企业和全社会技术创新资源，重视利用国际科技资源为企业技术创新服务的道路。随着开放式创新的发展，公司日益重视在开放式基础上的自主创新。公司知识产权部部长丁建新认为，自主创新应该是在开放式创新基础上的再创新，而不是封闭的自主创新。公司具有强大的研究开发力量和较深厚的技术储备。公司知识产权战略的重要特点是在通信技术局部领域实行进攻型知识产权战略，力图取得一批核心技术的突破，在相关核心领域积累自主知识产权，保持参与国内外市场竞争的知识产权战略和创新能力。与此相对应的是公司实施技术领先战略。华为公司为了使其专利发挥最大效益，实施了专利组合战略。专利组合能够很好地用于实施专利竞争的差异化战略，形成专利集群优势，增加产品的高附加值和市场溢价。在与竞争对手的较量中，华为公司采取了重点突破式的专利集中战略，将创新资源重点集中于特定核心技术领域，尤其是在交换机领域实行核心技术突破，并且通过有效的技术创新活动，使该领域的突破成为公司获取利润的主要来源。这种在他人现有技术基础上实行的模块化创新策略取得了成功。华为公司在相关技术的局部领域取得了突破，实现了技术跨越目标，其对专利组合战略的运用就是一个重要的经验。华为公司更是注重突破专利"丛林"，实施核心技术突围，赢得市场竞争的主动权。公司确立了实施核心技术突围的专利战略方针，在世界电信市场与跨国公司展开了全面竞争。核心技术开发使公司在国内外取得了大量专利，也获得了巨大的经济效益。这一尝试让中国企业初步尝到了利用专利获取利益的甜头。华为公司通过将技术标准与知识产权的结合，推进创新成果纳入标准，并灵活运用知识产权保护国际规则解决知识产权问题，取得了一批核心技术的突破，成为中国企业自主创新与实施知识产权战略的表率。再以鞍钢集团公司为例，其具有较雄厚的知识产权开发力量和知识产权积累。公司在"鞍山式含碳酸盐赤铁矿石高效浮选技术研究"等众多研究开发项目上取得了重大技术突破。与公司经济技术实力和知识产权积累相适应，公司高度重视科技创新与知识产权的紧密结合，以通过实施自主创新和知识产权战略，提高核心竞争力。公司在技术战略上，也相应地实行了战略转型，即从核心技术的跟随者向领跑者转移，实施技术领先战略。为此，公司认为需要大力加强创新型企业建设，提高自主创新能力，为成为具有国际竞争力的钢铁企业集团提供有力支撑。在当代，随着社会分工的广泛和技术竞争的激烈，实施技术领先战略的技术通常只是在特定的细分技术中独占鳌头，确立差异化的竞争优势，因此这一创新战略与企业实行产品差异化战略具有一致性。例如，"液晶王"夏普公司就是如此。与产品差异化战略相结合的技术领先战略具有一些优点，如在特定的产品细分市场赢得消费者的忠诚度，既有利于创立品牌，又有利于获得丰厚的市场回报。当然，企业实施技术领先战略也需要克服一系列风险,包括研究开发等技术方面的风险、新产品市场风险以及竞争对手联合抵制的风险等。同时,还需要承担创新失败的高风险,因此实行技术领先战略的企业通常是具有雄厚的研究开发和经济实力的企业。在企业实践中,实行技术领先的企业通常是以进攻型知识产权战略为指导,以开发核心技术、关键技术为立足点,以取得核心技术、关键技术知识产权为基础,对相关技术和产品市场进行严格控制,并通过许可、转让、投资等活动及时转化为知识产权,形成现实的生产力,在必要的情况下也可以通过合作创新等形式最大限度地获取技术竞争优势。

表4-1 我国研究开发经费三类分配与比例

年份	基础研究（%）	应用研究（%）	实验发展（%）	比例
1995	18.06/5.18	92.02/26.39	238.60/68.43	1:5.10:13.2
1996	20.24/5.00	99.12/24.51	285.12/70.49	1:4.91:14.09
1997	27.44/5.59	132.46/26.06	349.26/68.60	1:4.83:12.73
1998	28.95/5.25	124.62/22.61	397.54/72.13	1:4.30:13.73
1999	33.90/4.99	151.55/22.32	493.46/72.68	1:4.47:14.56
2000	46.73/5.22	151.90/16.96	697.03/79.82	1:3.25:14.92
2001	55.60/5.33	184.85/17.75	802.03/76.93	1:3.32:14.43
2002	73.77/5.73	246.68/19.16	967.20/75.12	1:3.34:13.11
2003	87.65/5.69	311.45/20.23	1140.52/74.08	1:3.5:13.01
2004	117.18/5.96	400.49/20.37	1448.67/73.67	1:3.42:12.36
2005	131.20/5.40	433.50/17.70	1885.30/76.90	1:3.30:14.37

资料来源：蔡富有,杜基尔等.建设创新型国家与知识产权战略［M］.北京：中国经济出版社,2008.

章后案例

福库电子株式会社于2010年5月26日向国家知识产权局提交了一项名为"电压力保温锅"的外观设计专利申请,并于2011年4月6日获得授权。福库电子株式会社称,佛山市雷恩电器有限公司未经许可,在展会上展销的产品侵犯了其专利权。2014年12月20日，请求人向广东省佛山市顺德区知识产权局提出受理请求，要求被请求人立即停止制造、销售、许诺销售等侵犯请求人外观设计专利权的产品，并赔偿相应损失。2015年1月13日，广东省佛山市顺德区知识产权局派执法人员对佛山市雷恩电器有限公司进行了现场勘验检查，在其展厅发现被控侵权产品ERC-N50型号电饭煲样品1台。该公司相关负责人称，ERC-N50电饭煲是根据客户需要从外面采购而来，并非本公司生产。2015年2月5日，佛山市顺德区知识产权局对该案进行了口头审理后认为，虽然被控侵权产品与涉案专利在局部上存在不同，但根据整体观察、综合判断的原则，局部不同不能使两者在外观上产生显著差别，被控侵权产品与涉案专利在整体视觉效果上不具有明显区别，属于近似的外观设计，被控侵权产品落入涉案专利的权利要求保护范围，构成了侵权。随后，被请求人不服处理决定，向广州知识产权法院提起诉讼。广州知识产权法院于2015年11月20日做出判决，维持佛山市顺德区知识产权局做出的专利纠纷处理决定。该案的争议焦点在于，被控侵权设计是否落入涉案专利的权利要求保护范围。佛山市顺德区知识产权局对被控侵权设计与涉案专利进行整体观察和综合判断后，做出了被控产品构成侵权的处理决定。请求人的成功维权不仅维护了自己的合法权益，还对他人的侵权行为起到了一定的震慑作用。

第五章　中小企业技术创新与专利战略

第一节　专利权管理

一、专利权管理概述

专利管理是指专利管理人员，在有关单位和部门的配合下，为了促进专利创造、运用、管理和保护，而形成的一套保障专利合法权益的制度执行以及经营活动。专利权（Patent Right）简称"专利"，是发明创造人或其权利受让人对特定的发明创造在一定期限内依法享有的独占实施权，是知识产权的一种。我国于1984年公布专利法，1985年公布该法的实施细则，对有关事项做了具体规定。专利（Patent）一词来源于拉丁语 Litterae Patentes，意为公开的信件或公共文献，是中世纪的君主用来颁布某种特权的证明，后来指英国国王亲自签署的独占权利证书。专利是世界上最大的技术信息源，据实证统计分析，专利包含了世界科技信息的90%~95%。

专利权的性质主要体现在三个方面：排他性、时间性和地域性。

排他性也称独占性或专有性。专利权人对其拥有的专利权享有独占或排他的权利，未经其许可或出现法律规定的特殊情况，任何人不得使用，否则即构成侵权。这是专利权（知识产权）最重要的法律特点之一。

时间性指法律对专利权所有人的保护不是无期限的，而是有限制的，超过这一时间限制则不再予以保护专利权随即成为人类共同财富，任何人都可以利用。

地域性指任何一项专利权，只有依一定地域内的法律才得以产生并在该地域内受到法律保护。这也是区别于有形财产的另一个重要法律特征。根据该特征，依一国法律取得的专利权只在该国领域内受到法律保护，而在其他国家则不受该国家的法律保护，除非两国之间有双边的专利（知识产权）保护协定，或共同参加了有关保护专利（知识产权）的国际公约。

专利权的主体即专利权人，是指依法享有专利权并承担相应义务的人。专利权主体包括以下几种：

（1）发明人或设计人。这是指对发明创造的实质性特点做出了创造性贡献的人。在完成发明创造过程中，只负责组织工作的人、为物质技术条件的利用提供方便的人或从事其他辅助性工作的人，如试验员、描图员、机械加工人员等，均不是发明人或设计人。其中，发明人是指发明的完成人；设计人是指实用新型或外观设计的完成人。发明人或设计人，只能是自然人，不能是单位、集体或课题组。

发明创造是智力劳动的结果。发明创造活动是一种事实行为，不受民事行为能力的限制。因此，无论从事发明创造的人是否具备完全民事行为能力，只要他完成了发明创造，就应认定为发明人或设计人。

发明人或设计人包括非职务发明创造的发明人或设计人和职务发明创造的发明人或设计人两类。非职务发明创造是指既不是执行本单位的任务，也没有主要利用单位提供的物质技术条件所完成的发明创造。对于非职务发明创造，申请专利的权利属于发明人或者设计人。发明人或设计人对非职务发明创造申请专利，任何单位或个人不得压制。申请被批准后，该发明人或设计人为专利权人。

如果一项非职务发明创造是由两个或两个以上的发明人、设计人共同完成的，则完成发明创造的人称为共同发明人或共同设计人。共同发明创造的专利申请权和取得的专利权归全体共有人共同所有。

（2）单位。对于职务发明创造来说，专利权的主体是该发明创造的发明人或设计人的所在单位。职务发明创造是指执行本单位的任务或主要是利用本单位的物质技术条件所完成的发明创造。这里所称的"单位"，包括各种所有制类型和性质的内资企业和在中国境内的中外合资经营企业、中外合作企业和外商独资企业。从劳动关系上讲，既包括固定工作单位，也包括临时工作单位。

(3) 专利权的客体。也称为专利法保护的对象，是指依法应授予专利权的发明创造。根据我国《专利法》第二条的规定，专利法的客体包括发明、实用新型和外观设计三种。

(4) 发明。这是指对产品、方法或者其改进所提出的新的技术方案。发明必须是一种技术方案，是发明人将自然规律在特定技术领域进行运用和结合的结果，而不是自然规律本身，因而科学发现不属于发明范畴。同时，发明通常是自然科学领域的智力成果，文学、艺术和社会科学领域的成果也不能构成专利法意义上的发明。

根据专利审查制度的规定，发明分为产品发明、方法发明两种类型，既可以是原创性的发明，也可以是改进型的发明。产品发明是关于新产品或新物质的发明。这种产品或物质是自然界从未有过的，是人利用自然规律作用于特定事物的结果。如果某物品完全处于自然状态下，没有经过任何人的加工或改造而存在，就不是我国专利法所规定的产品发明，不能取得专利权。方法发明是指为解决某特定技术问题而采用的手段和步骤的发明。能够申请专利的方法通常包括制造方法和操作使用方法两大类，前者如产品制造工艺、加工方法等，后者如测试方法、产品使用方法等。改进发明是对已有的产品发明或方法发明所做出的实质性革新的技术方案。例如，爱迪生发明了白炽灯，白炽灯是一种前所未有的新产品，可以申请产品发明；生产白炽灯的方法可以申请方法专利；给白炽灯填充惰性气体，其质量和寿命都有明显提高，这是在原来基础之上进行的改进，可以申请改进发明。

实用新型是指对产品的形状、构造或者其结合所提出的适于实用的新的技术方案。实用新型专利只保护产品。该产品应当是经过工业方法制造的、占据一定空间的实体。一切有关方法（包括产品的用途）以及未经人工制造的自然存在的物品不属于实用新型专利的保护客体。上述方法包括产品的制造方法、使用方法、通信方法、处理方法、计算机程序以及将产品用于特定用途等。例如，一种齿轮的制造方法、工作间的除尘方法、数据处理方法、自然存在的雨花石等不能获得实用新型专利保护。

(5) 产品概念。产品的形状是指产品所具有的、可以从外部观察到的确定的空间形状。对产品形状所提出的技术方案可以是对产品的三维形态的空间外形所提出的技术方案，如对凸轮形状、刀具形状做出的改进；也可以是对产品的二维形态所提出的技术方案,如对型材的断面形状的改进。无确定形状的产品,如气态、液态、粉末状、颗粒状的物质或材料,其形状不能作为实用新型产品的形状特征。

(6)专利描述。产品的构造是指产品的各个组成部分的安排、组织和相互关系。它可以是机械构造,也可以是线路构造。机械构造是指构成产品的零部件的相对位置关系、连接关系和必要的机械配合关系等;线路构造是指构成产品的元器件之间的确定的连接关系。

(7)外观设计。外观设计又称为工业产品外观设计,是指对产品的形状、图案或者其结合以及色彩与形状、图案相结合所做出的富有美感并适于工业上应用的新设计。

外观设计的载体必须是产品。产品是指任何用工业方法生产出来的物品。不能重复生产的手工艺品、农产品、畜产品、自然物不能作为外观设计的载体。通常,产品的色彩不能独立构成外观设计,除非产品色彩变化的本身已形成一种图案。可以构成外观设计的组合有:产品的形状,产品的图案,产品的形状和图案,产品的形状和色彩,产品的图案和色彩,产品的形状、图案和色彩。

形状是指对产品造型的设计,也就是指产品外部的点、线、面的移动、变化、组合而呈现的外表轮廓,即对产品的结构、外形等同时进行设计、制造的结果;图案是指由任何线条、文字、符号、色块的排列或组合而在产品的表面构成的图形。图案可以通过绘图或其他能够体现设计者的图案设计构思的手段制作。产品的图案应当是固定、可见的,而不应是时有时无的或需要在特定的条件下才能看见的;色彩是指用于产品上的颜色或颜色的组合,制造该产品所用材料的本色不是外观设计的色彩。

二、专利权人的权利

(一) 实施许可权

实施许可权是指专利权人可以许可他人实施其专利技术并收取专利使用费。许可他人实施专利的,当事人应当订立书面合同。

(二) 转让权

专利权可以转让。转让专利权的,当事人应当订立书面合同,并向国务院专利行政部门登记，由国务院专利行政部门予以公告，专利权的转让自登记之日起生效。中国单位或个人向外国人转让专利权的，必须经国务院有关主管部门批准。

（三）标示权

标示权是指专利权人享有在其专利产品或该产品的包装上标明专利标记和专利号的权利。

三、专利权人的义务

专利权人的义务主要是缴纳专利年费。《专利法》第四十三条规定，专利权人应当自被授予专利权的当年开始缴纳年费。未按规定交纳年费的，可能导致专利权终止。此外，职务发明创造专利的单位，在授予专利权后，应当按照规定对发明人或设计人进行奖励；专利实施后，根据其推广应用所取得的经济效益，应按规定对发明人或设计人发放合理的报酬。

四、专利权的效力

（1）独占实施权发明和实用新型专利权被授予后，除专利法另有规定的外，任何单位或个人未经专利权人许可，都不得实施其专利，即不得为生产经营目的制造、使用、许诺销售、销售、进口其专利产品，或者使用其专利方法以及使用、许诺销售、销售、进口依照该专利方法直接获得的产品。因此，产品发明专利权人和实用新型专利权人独占实施权的内容具体包括对专利产品的制造权、使用权、许诺销售权、销售权和进口权；方法发明专利权人享有的独占实施权，除了指该专利方法的排他使用权外，还包括对依照该专利方法直接获得的产品享有的使用权、许诺销售权、销售权和进口权。这里的许诺销售，是指以做广告、在商店橱窗中陈列或在展销会上展出等方式做出销售商品的意思表示。

（2）外观设计专利权被授予后，任何单位或个人未经专利权人许可，都不得实施其专利，即不得为生产经营目的制造、销售、进口其外观设计专利产品。可见，外观设计专利独占实施权的内容包括对外观设计专利产品的制造权、销售权和进口权。

五、专利权的期限

发明专利权的期限为 20 年，实用新型专利权和外观设计专利权的期限为 10 年，均自申请日起计算。专利权期限届满后，专利权终止。专利权期限届满前，专利权人可以书面声明放弃专利权。

六、专利权的限制

（一）强制许可

强制许可又称为非自愿许可，是指国务院专利行政部门依照法律规定，不经专利权人的同意，直接许可具备实施条件的申请者实施发明或实用新型专利的一种行政措施。其目的是促进获得专利的发明创造得以实施，防止专利权人滥用专利权，维护国家利益和社会公共利益。我国专利法将强制许可分为三类：

（1）不实施时的强制许可。具备实施条件的单位以合理的条件请求发明或实用新型专利权人许可实施其专利，而未能在合理长的时间内获得这种许可时，国务院专利行政部门根据该单位的申请，可以给予实施该发明专利或实用新型专利的强制许可。请求国务院专利行政部门给予强制许可的，只有在专利权被授予之日起满三年后才可以申请。这种强制许可，应当限定其实施主要是为供应国内市场的需要；强制许可涉及的发明创造是半导体技术的，强制许可实施仅限于公共的非商业性使用，或者经司法程序或行政程序确定为反竞争行为而给予救济的使用。

（2）根据公共利益需要的强制许可。在国家出现紧急状态或非常情况时，或者为了公共利益的目的，国务院专利行政部门可以给予实施发明专利或实用新型专利的强制许可。

（3）从属专利的强制许可。一项取得专利权的发明或实用新型以前已经取得专利权的发明或者实用新型具有显著经济意义的重大技术进步，其实施又有赖于前一发明或实用新型的实施的，国务院专利行政部门根据后一专利权人的申请，可以给予实施前一发明或实用新型的强制许可。在依照前述规定给予实施强制许可的情形下，国务院专利行政部门根据前一专利权人的申请，也可以给予实施后一发明或实用新型的强制许可。

(二) 不视为侵犯专利权的行为

(1) 专利权人制造、进口或经专利权人许可而制造、进口的专利产品或者依照专利方法直接获得的产品售出后,使用、许诺销售或者销售该产品的。

(2) 在专利申请日前已经制造相同产品、使用相同方法或已经做好制造、使用的必要准备,并且仅在原有范围内继续制造、使用的。

(3) 临时通过中国领陆、领水、领空的外国运输工具,依照其所属国和中国签订的协议或共同参加的国际条约,或者依照互惠原则,为运输工具自身需要而在其装置和设备中使用有关专利的。

(4) 专为科学研究和实验而使用有关专利的。

第二节 专利权的获取管理

发明创造要取得专利权,必须满足实质条件和形式条件。实质条件是指申请专利的发明创造自身必须具备的属性要求,分为积极条件和消极条件。形式条件则是指申请专利的发明创造在申请文件和手续等程序方面的要求。此处所讲的授予专利权的条件,仅指授予专利权的实质条件。

一、积极条件

(一) 发明或实用新型

1. 新颖性

新颖性是指在申请日以前没有同样的发明或实用新型在国内外出版物上公开发表过、在国内公开使用过或以其他方式为公众所知。也没有同样的发明或实用新型由他人向专利局提出过申请并且记载在申请日以后公布的专利申请文件中。申请专利的发明或实用新型满足新颖性的标准,必须不同于现有技术,同时还不得出现抵触申请。

(1) 现有技术。现有技术是在申请日以前已经公开的技术。公开披露技术信息是指技术内容向不负有保密义务的不特定相关公众公开。公开的程度以所属技术领域一般技术人员能实施为准。

(2) 抵触申请。抵触申请是指一项申请专利的发明或实用新型在申请日以前，已有同样的发明或实用新型由他人向专利局提出过申请，并且记载在该发明或实用新型申请日以后公布的专利申请文件中。先申请被称为后申请的抵触申请。抵触申请会破坏新颖性，防止专利重复授权。

(3) 不视为丧失新颖性的公开。

2. 创造性

创造性是指同申请日以前已有的技术相比，该发明有突出的实质性特点和显著的进步，该实用新型有实质性特点和进步。申请专利的发明或实用新型，必须与申请日前已有的技术相比，在技术方案的构成上有实质性的差别，必须是通过创造性思维活动的结果，不能是现有技术通过简单的分析、归纳、推理就能够自然获得的结果。发明的创造性比实用新型的创造性要求更高。创造性的判断以所属领域普通技术人员的知识和判断能力为准。

3. 实用性

实用性是指该发明或实用新型能够制造或使用，并且能够产生积极的效果。它有两层含义：第一，该技术能够在产业中制造或使用。产业包括了工业、农业、林业、水产业、畜牧业、交通运输业以及服务业等行业。产业中的制造和利用是指具有可实施性及再现性。第二，必须能够产生积极的效果，即同现有的技术相比，申请专利的发明或实用新型能够产生更好的经济效益或社会效益，如能提高产品数量、改善产品质量、增加产品功能、节约能源或资源、防治环境污染等。

4. 其他条件

如说明书需要对申请专利的技术公开充分等。具体须参阅最新的《专利法》和《实施细则》。

(二) 设计专利

1. 新颖性

授予专利权的外观设计，应当同申请日以前在国内外出版物上公开发表过或国内公开使用过的外观设计不相同和不相近似。外观设计必须依附于特定的产品，因而"不相同"不仅指形状、图案、色彩或其组合外观设计本身不相同，而且指采用设计方案的产品也不相同。"不相近似"要求申请专利的外观设计不能是对现有外观设计的形状、图案、色彩或其组合的简单模仿或微小改变。相近似的外观设计包括以下几种情况：形状、图案、色彩近似，产品相同；形状、图案、色彩相同，产品近似；形状、图案、色彩近似，产品也近似。

2. 实用性

授予专利权的外观设计必须适于工业应用。这要求外观设计本身以及作为载体的产品能够以工业的方法重复再现，即能够在工业上批量生产。

3. 富有美感

授予专利权的外观设计必须富有美感。美感是指该外观设计从视觉感知上的愉悦感受，与产品功能是否先进没有必然联系。富有美感的外观设计在扩大产品销路方面具有重要作用。

4. 不得与他人在先取得的合法权利上相冲突

这里的在先权利包括了商标权、著作权、企业名称权、肖像权、知名商品特有包装装潢使用权等。"在先取得"是指在外观设计的申请日或优先权日之前取得。

5. 其他条件

具体须参阅最新的《专利法》和《实施细则》。

二、消极条件

（1）违反法律、社会公德或妨害公共利益的发明创造。国家法律是指由全国人民代表大会或全国人民代表大会常务委员会依照立法程序制定和颁布的法律。它不包括行政法规和规章。发明创造本身的目的与国家法律相违背的，不能被授予专利权。例如，用于赌博的设备、机器或工具，吸毒的器具等不能被授予专利权。发明创造本身的目的并没有违反国家法律，但是由于被滥用而违反国家法律的，则不属此列。

（2）科学发现。它是指对自然界中客观存在的现象、变化过程及其特性和规律的揭示。科学理论是对自然界认识的总结，是更为广义的发现。它们都属于人们认识的延伸。这些被认识的物质、现象、过程、特性和规律不同于改造客观世界的技术方案，不是专利法意义上的发明创造，因此不能被授予专利权。

（3）智力活动的规则和方法。智力活动是指人的思维运动，它源于人的思维，经过推理、分析和判断产生出抽象的结果，或者必须经过人的思维运动作为媒介才能间接地作用于自然产生结果，它仅是指导人们对信息进行思维、识别、判断和记忆的规则和方法，由于其没有采用技术手段或利用自然法则，也未解决技术问题和产生技术效果，因而不构成技术方案。例如，交通行车规则、各种语言的语法、速算法或口诀、心理测验方法、各种游戏的规则和方法、乐谱、食谱、棋谱、计算机程序本身等。

（4）疾病的诊断和治疗方法。它是以有生命的人或动物为直接实施对象，进行识别、确定或消除病因、病灶的过程。将疾病的诊断和治疗方法排除在专利保护范围之列，是出于人道主义的考虑和社会伦理的原因，医生在诊断和治疗过程中应当有选择各种方法和条件的自由。另外，这类方法直接以有生命的人体或动物体为实施对象，理论上认为不属于产业，无法在产业上利用，不属于专利法意义上的发明创造。例如，诊脉法、心理疗法、按摩、为预防疾病而实施的各种免疫方法、以治疗为目的的整容或减肥等。但是药品或医疗器械可以申请专利。

（5）动物和植物品种。对于动物和植物品种的生产方法，可以依照授予专利权。

（6）用原子核变换方法获得的物质。

（7）对平面印刷品的图案、色彩或两者的结合做出的主要起标识作用的设计。

三、提交材料

申请发明或实用新型专利的，申请人向国务院专利行政部门应提交的材料包括：

（1）专利项目评估申请表。

（2）被评估专利项目的专利证书、受理通知书、专利申请文件（包括说明书、权利要求书、摘要等）资料的复印件。请求书应当写明发明的名称，发明人的姓名，申请人姓名或者名称、地址，以及其他事项。

（3）非当年授权的需提交当年度缴纳专利年费发票的复印件。

（4）专利项目已形成产业化经营的有关材料证明。

（5）专利项目所获奖励的证书及相关材料的复印件。

(6) 单位营业执照或个人居民身份证复印件。

申请人可以在被授予专利权之前随时撤回其专利申请；可以对其专利申请文件进行修改，但是，对发明和实用新型专利申请文件的修改不得超出原说明书和权利要求书记载的范围，对外观设计专利申请文件的修改不得超出原图片或照片表示的范围。

四、评估程序

(1) 申请人按要求填写专利项目评估申请表并提交有关材料。
(2) 市知识产权局对申请人所提交的材料进行格式审查。
(3) 审查合格后，由具有专利资产评估资质的评估机构进行评估。
(4) 由市知识产权局将评估结果通知当事人。

五、办理时限

以申请专利项目评估单位提交的合格申请材料之日起，一般在5个工作日内对申请情况提出认定意见。

第三节 企业专利战略的制定

一、企业技术研发中专利文献检索应用策略

随着我国科技高速发展和加入WTO，专利成为企业知识产权保护的一个重要组成部分，谁拥有这一重要的"隐形武器"就意味着谁占有了市场份额；谁巧妙地应用它，谁就能在激烈的市场竞争中克敌制胜，立于不败之地。综观国内外企业技术创新全过程，大致分为基础研发、应用研发、生产经营、销售贸易等几个重要阶段。这几个阶段中，企业都会涉及专利信息的检索与应用，因为企业技术创新具有高投入、高风险、高效益特点，其整个过程中不同环节应对的各种产品或技术及市场背景都是一个不确定因素，过程中会面临种种风险和考验，遇到各种专利侵权、无效诉讼等法律纠纷。依据目前我国企业在技术创新过程不同的专利信息检索与应用需求，我们可提

供不同阶段环节中所对应的专利技术信息报告、专利检索报告、知识产权分析报告、专利法律状态检索报告、专利侵权检索报告、自主知识产权检索报告以及专利二次开发查新报告等。

（一）基础研发阶段

一般来说，企业技术创新中的基础研发阶段都要经历项目的酝酿准备、开题立项、实施研发这三个基本环节。企业科研项目基础研发在论点、研发目标、技术路线、技术内容、技术指标、技术水平等方面是否具有新颖性，在基础研发立项前，首要的工作就是要全面准确地了解掌握国内外相关技术信息情报，查清该课题基础研发在国内外是否已有人研究过，发展水平如何，研发深度及广度如何，已解决与尚未解决的问题是什么。由此可见，要对该技术研发项目做出是否具有新颖性的判定。专利文献是世界上反映科学技术发展最迅速、最全面、最系统、最直接的信息资源，通过专利文献信息检索，企业可在前人研发基础上不断创新，这样可防止重复研发而造成的巨大人力、财力、物力的浪费和损失。

1. 构思酝酿准备

企业技术创新项目在其构思酝酿阶段，一般都有必要进行全面系统的专利文献信息检索。因为，这种相关领域创新技术的专利信息普查分析有助于企业研发人员全面掌握国内外该技术的研发方向、拓展创新思路、规避侵权风险、借鉴他人研究成果，在比对现有技术存在不足与缺陷的基础上进行"知己知彼、取长补短、有效改进"的技术创新，只有这样才能真正体现其技术创新的价值水平。这一阶段最适用的报告为"专利技术信息分析报告"。该报告内容涉及检索目的与要求、检索数据库、检索策略、检索结果和检索结论，其中检索结果是依据检索要求中技术创新内容与检出文献进行对比，按相关度高低对国内外专利文献目录及内容摘要、国内外非专利文献目录及内容摘要进行列举分析。分析结论依据检出相关专利及非专利文献对该项目国内外相关技术或产品的研发现状、技术水平、发展动态及其知识产权背景和市场前景预测等做简要分析。

2. 开题立项申报

为了更广泛地了解国内外相关技术的发展水平、研发趋势，有的放矢地确立企业自己独特的技术创新思路与方案，企业在开题立项之前除展开全面的专利信息检索之外，针对企业立项项目的技术创新点做专利新颖性查新检索是十分必要的，适用报告可选择"专利检索报告"。通过这类查新检索可初步判断该立项申请是否具备新颖性、先进性及可行性，这样可提高企业项目申报的成功机会。尤其是当今重视知识产权保护的新形势下，专利检索对企业技术创新项目申报显得十分重要，它不仅可帮助企业纵览国内外相关领域技术发展进程、开拓创新思路、规避侵权风险，还可激发研发人员的创新能力和提升企业的竞争实力。近年来，企业创新技术基础研发立项中，如国家科技部"863"计划、国家重点基础研究"973"计划、国家科技攻关计划、火炬计划、星火计划、国家科技成果重点推广计划、各省市级科技成果鉴定、高新技术企业及产品认定、创新基金等都比较注重企业是否具备创新能力和拥有自主知识产权，这不仅对企业申报项目研发起点设置了一道技术创新的"门槛"，而且对企业的创新能力及研发实力提出了更高的要求。这类立项查新选用"专利技术信息分析报告"，可在比对国内外相关专利技术或专利产品的研发创新性、技术水平的基础上，着重从知识产权保护与规避侵权风险的视角，对申报项目新颖性、先进性、立项意义及知识产权问题做出客观公正的科学评价。

3. 实施独立开发

随着整个社会对知识产权的高度重视及专利意识的普及和提高，开发具有自主知识产权的技术与产品受到企业的极大关注。近年来，对于企业独立承担或自主参与完成创新技术或产品开发、高新技术企业认定、高新技术成果转化及国家"863"计划、"973"计划、国家科技攻关计划等申报中都十分注重企业是否具备创新能力和拥有自主知识产权，有些申报项目还明确地把企业拥有知识产权作为申请高新技术企业的必需条件。企业实施独立开发时，须对其创新技术或产品进行专利检索，可选用"专利检索报告"，也可选择"自主知识产权检索报告"。从某种需求程度上讲，"自主知识产权检索报告"更适宜来客观评价企业技术创新项目是否具备创新能力和拥有自主知识产权。该报告内容所涉及的检索要点、检索主题词和国际专利分类号、检索工具及数据库、检索结论与"专利检索报告"基本相同。但检索结论中，除对委托项目新颖性（创新性）、先进性做出客观公正评价外，更注重对企业独立开发的创新技术或产品的市场前景、可专利性、侵权风险性和自主知识产权予以分析与揭示。这种报告按照自主知识产权的判定原则，凸显了知识产权的背景分析，揭示内容广、技术含量高、文献依据充分、专利分析透彻，能满足企业独立开发技术创新项目，体现知识产权背景的申报要求。

（二）技术引进阶段

技术引进是世界各国为加速本国科技发展所采取的有效措施之一。这阶段一般涉及专利申请权转让、专利权转让、专利实施许可等几种方式。技术引进过程中，专利信息检索应用应关注于：①通过检索专利时间和地域有效性信息核查专利是否有效，以防止遭遇专利欺诈；②核实授权方是否为合法权利人以及国内外有无相同技术在其之前获得专利权，以规避潜在的专利侵权风险；③检索分析该专利技术方案在国内外所处的水平及实施的可能性，以合理评估技术的价值。

1. 核查法律状态，防止遭遇专利欺诈

时间性特征。各国的专利法对专利的保护期限存在差异，对发明专利权的保护期限自申请日起计算一般在 10～20 年不等，对于实用新型和外观设计专利权的期限，大部分国家规定为 5～10 年，我国现行专利法规定发明专利、实用新型专利及外观设计专利的保护期限自申请日起分别为 20 年、10 年、10 年。需要注意的是，专利技术超出保护期限不仅会造成专利权的失效，没有按期交纳年费、未缴纳专利证书费、专利权人以书面声明放弃或专利权被全部无效宣告同样也会造成专利的失效。

地域性特征。根据一国或地区的知识产权法所取得的知识产权的效力只限于本国境内，如在中国未申请专利的外国专利技术，若已过了优先权期限，中方可免费拿来使用而不必支付使用费，其前提是利用该技术所生产的产品必须在国内或该技术不享有专利权的国家销售。另外，企业认为有价值的专利，一般会在不同地域申请许多同族专利，以利于该项技术在全球范围受保护。因此，通过检索专利族及其法律状态可以了解被引进的专利在全球的分布。这时的专利法律状态检索可选用"专利法律状态检索报告"，主要进行专利的地域性与有效性分析。

2. 检索合法权利人及相同技术，规避潜在的侵权风险

虽然专利权具有专有性，但专利权可以通过转让的方式获得。《专利法

《实施细则》第八十八条规定专利申请权、专利权的转移必须在专利登记簿上登记，也就是说专利文献甚至是专利证书上显示的权利人并非一定是当前合法权利人，只有通过查看专利登记簿才能确定最新的专利权人。如忽略这点而导致从非专利权人手上引进了专利，势必造成潜在的侵权。另外需要注意的是，我国专利法对于专利的审查采用两种审查制度，即发明专利要经过实质审查才能授权，对专利是否具有新颖性、创造性、实用性（专利"三性"）进行严格审查，因此认为发明专利的法律状态较为稳定；而对于实用新型和外观设计的专利申请，在经过形式审查后，没有发现驳回理由的就予以授权，导致了专利申请质量较低，很有可能已有相同技术在其之前获得了专利权。因此，在引进实用新型专利和外观设计专利时要引起充分注意，有可能引进的技术已是公知技术，甚至可能构成侵犯在先的专利权，这些情况尤其适宜做与专利侵权有关的"防止侵权检索报告"。

3. 检索专利信息，合理评估技术价值

在完成专利法律状态核查和侵权检索之后，受让方可通过检索国内外相关技术并进行分析对比，进一步考察引进技术的水平及其是否为完整转让的情况，把握引进技术的先进性和可实施性等，以便正确估量技术标的价值。技术链上往往牵扯到若干专利，如果授权方只转让或许可受让方使用某项专利技术不转让，或许可使用技术链上的其他相关专利技术，或者把关键点作为技术秘密保留，则可能使受让方依此专利生产出的产品在质量和性能指标上达不到预期效果。因此，调查授权方在该技术链上的专利网，是否一并纳入技术引进范围对于把握最终实施效果也是十分必要的。这种通过检索相关的专利文献，合理评估引进技术的价值，可采用"专利检索报告"评价其引进专利"三性"以及先进性和可实施性。

（三）消化吸收阶段

为加快提高企业的技术创新能力，提升企业核心竞争力，以专利手段促进企业技术创新，形成具有自主知识产权的、有市场前景和竞争力的新技术和新产品，上海市科委前几年启动了引进技术在消化吸收基础上的专利技术再创新（以下简称专利二次开发）专题课题申报项目，旨在支持企业技术创新过程中形成自主知识产权和提升核心竞争力，通过形成具有知识产权的技术，鼓励企业开发具有市场前景的高新技术产品，从而跨越式地带动整个国民经济的发展。

1. 消化吸收基础上的专利技术再创新

这种在国内外专利技术引进、消化吸收再创新的基础上，进行的专利技术二次开发一般可选择目前国内外比较先进的已公开专利，利用其原理和思路，开发出在材质、结构、功能、工艺等比原有专利更先进的创新技术及产品，同时又可避开相应专利的侵权问题。企业只有把握专利保护的游戏规则，把专利技术再创新作为自己实施专利战略的一个重要部分，并能站在巨人的肩膀上取得后发优势的创新技术，才能有效掌握企业专利战略的攻防技巧，才能在较短时间内实现企业高新产业的跨越式发展。为引导企业充分利用通过专利许可实施或专利权转让方式获得的有效的国内外发明专利，或法律状态明确的，并在国内未申请专利但仍有效的国外专利，以及已经失效或即将失效的，但经查实表明仍然具有先进性的国内外发明专利，帮助企业在消化吸收基础上做技术再创新，形成自己的二次开发专利技术，选用"专利二次开发查新报告"来评价企业专利技术再创新价值与水平是适合的。"专利二次开发查新报告"是以专利文献为依据，以技术为核心，以创新为主体，以市场为导向，较全面客观地反映企业在消化吸收基础上的专利技术再创新的能力和实力。该报告主体内容包括：基础专利来源、基础专利技术要点、开发项目技术要点、文献检索范围及检索策略、检索结果和查新结论。其中基础专利的技术方案主要从主权项提取，效果可以借鉴实施例；而开发项目技术方案形式仿照基础专利，效果即是拟实现的目标。基础专利分析首先要确认其法律状态是否有效，其许可实施或转让专利的法律状态是否明晰，转让专利的转让人资格是否明确。此外，还通过开发项目与基础专利相关性、开发项目有何专利性及侵权风险性、开发项目的先进性与市场前景、项目单位研发基础等综合分析，对项目所涉及的知识产权问题给予客观评价。

2. 消化吸收再创新后的专利保护

企业在技术引进、消化吸收再创造及其产品研发过程中，如同前面技术研发阶段一样，都要适时对自己的创新技术及其成果产品进行有效的专利保护，并且要以拥有自主专利权来把握自身在市场竞争中的主动权和主控权。国内外大量事实已充分证明了在激烈的市场竞争中，谁能巧妙地运用专利这一"隐形武器",谁就能在竞争中克敌制胜,立于不败之地。反之,就有可能"败走麦城"。因此,企业创新技术或产品一旦研发成功就应马上实行专利保护,尽早获得专利权,在申请专利之前有必要对其创新技术成果进行一次全面的专利检索,适用"专利检索报告",在被确认具备了专利申请基本条件,即具有新颖性、创造性、实用性的基础上,及时提出专利申请,有效实施专利保护。

(四)产品生产阶段

产品、设备、工艺、功能等方面的技术创新都是企业研发人员集体智慧与创造劳动的结晶,这些创新成果是企业生存发展的命脉。如何将这些成果快速地转化成生产力,实施工业化生产,实现创新技术及产品的商业化、产业化发展目标,是企业技术创新可持续发展至关重要的问题。国外发达国家及企业间的技术与产品之争,也都是在不断揣摩分析和消化他人专利技术的基础上创新研发出来的,并对其生产过程中各环节、各流程中的关键创新技术及时采取有效的专利申请保护措施,从而在其特定技术领域中形成坚固的"专利保护网",以达到垄断当今及未来产品市场和技术市场的商业目的,提升企业的核心竞争力。因此,企业在生产前直至生产进程中应注重对自己的各类创新技术加以严密保护,适时提出专利申请。对于其中某种关键技术或创新产品是否存在潜在侵权风险或将来有可能产生知识产权纠纷问题的,更应及时地、主动地通过专利查新检索方式得以早期预见与确认。这时较适用的检索报告为"专利检索报告"。随着当今人们知识产权保护意识的不断加强,越来越多的企业在生产经营活动中会遭遇到各种专利侵权纠纷问题。企业在实施产品生产制造环节中,依据我国《专利法》未经专利权人许可,生产、加工受专利法保护的发明或实用新型专利产品或为生产经营目的使用他人专利方法的行为(直接侵权);或未经专利权人许可,制造专利产品的零部件,或专门用于实施专利产品的模具,或用于实施专利方法的机器、设备等行为(间接侵权)都将被视为侵犯专利权行为。为避免产品加工、生产与经营中的侵权纠纷,企业应主动采取规避侵权风险的措施,及时对其产品制造过程中的专利信息进行全面检索,以知己知彼,防止侵权纠纷事务的发生,这种侵权检索较适用"防止侵权检索报告"。当企业被告知侵权时,为保护自己的合法利益,依照专利法规定,企业就对方诉告侵权的专利提出无效诉讼，更应进行专利信息检索，这种被动侵权检索的目的是查找提出专利无效的依据，力争挽回侵权损失。这时较适用的检索报告为"被动侵权检索报告"。

（五）产品销售阶段

产品销售涉及出口销售和国内上市两种方式，在产品销售过程中，专利信息的应用主要是为了弄清在销售地区相关技术的专利保护情况，防止侵犯他人合法专利权。首先采用"防止侵权检索报告"调查相关专利情况，如果该产品落入专利保护范围，判断专利权的期限，专利权是否终止，专利权是否在有效的保护地域范围，可采用"专利法律状态检索报告"检索对方专利的法律状态，核实其是否在有效期内。此外，对于法律状态有效的专利，应当判断是否存在请求宣告专利权无效的理由。对通过"专利检索报告"确认具有专利"三性"的技术发明，应当及时在我国和出口地申请专利保护。

1. 指定国（地区）出口

对产品出口地明确的情况，主要检索该产品是否落入他人在指定出口地有效专利的保护范围。若落入，则在未得到专利权人许可的情况下不宜直接出口，否则极易造成侵权纠纷；如不落入，则应考虑把相关技术及时在我国和出口地申请专利，以求尽早得到法律保护，达到占领该技术阵地的目的。申请专利可采用"专利检索报告"，主要考察技术成果是否满足专利"三性"要求。

2. 非指定国（地区）销售

对产品销售地区尚未确定或计划做国内外全面推广的情况，需要检索该产品在国内外各主要地区的专利族及其法律状态，可避开有效专利所在地区，最终选定合适的销售地。值得一提的是，如果涉及的是"质量"不过关的中国专利，可以考虑向国家知识产权局专利复审委员会提出无效宣告请求，将专利权的无效宣告程序作为与专利权人进行抗衡的"武器"，因为一旦专利权被宣告无效，依据我国《专利法》第四十七条第一款，宣告无效的专利权视为自始即不存在，相关技术进入公知公用阶段，也就无所谓侵权了。这里的关键是要收集专利权无效的证据，适用"被动侵权检索报告"，常用的方式是查找到相关中国专利独立权利要求所保护的技术方案，已被之前的文献公开，相关中国专利因丧失新颖性和创造性而失效。

（六）技术研发中专利分析方法的应用

专利文献记载有关技术开发、智力成果的信息。根据世界知识产权组织统计，每年发明创造成果的90%可以在专利文献中查到。专利文献与技术研发关联密切，通过专利分析不仅可以帮助研发人员了解现有技术水平、发展趋势和技术竞争态势，还可以为研发人员提供技术创新灵感，寻找技术解决方案，提高企业技术创新和科研的起点，同时避免重复研究，节约经费。专利是记载专利内容的文件资料及有关出版物的总称，集技术、法律和经济信息于一体，对发明创造的技术方案记载完备，技术内容相对可靠，并且高度标准化，便于检索阅读。作为应用研究和实验过程的典型结果，专利申请状态很大程度上与国家、地区和企业的技术研发分布状态趋于一致。根据世界知识产权组织的统计，有效运用专利信息，可缩短60%的研发时间，节省的30%研发费用。虽然在科学技术研发项目的立项、成果鉴定或申报奖励阶段，会要求研发人员出具查新报告，但查新过程中只对查新点进行检索，其检索结果也是与查新点相关的最接近的现有技术，未能系统评估发展趋势和技术竞争态势。专利分析则是使用各种分析方法，探寻、研究专利信息之间的关联性，将技术水平、发展趋势和技术竞争态势展现在研究人员面前。

专利文献作为科技文献的重要组成部分，能够为研发过程提供有效的技术支持。中国科研院所的研究人员大多专注于查阅公开的科技文献，了解相关领域的最近技术发展。但期刊文献往往注重理论研究，单个专利往往是关于某一方法、设备或产品的局部改进，而全部技术则可能分散在多个专利中，很难从一件专利上获得某一技术或产品的全貌。系统的专利分析能够将分散于各个分类位置的专利文献集中起来，完整地呈现某一技术或产品的全貌。目前技术发展日新月异，技术研发战略及实施需对不同层次、不同主体的技术研发情况有系统的了解。通过对专利进行分析，可以了解并解析某技术领域的现有技术水平、发展趋势和技术竞争态势，以帮助掌握技术领域的全局状况；通过揭示技术发展历程、技术组成的变化状况、技术发展的成熟度，以及影响技术发展的相关工业领域，帮助搜寻技术变革的历程与机会；通过揭示技术难题发展的变化趋势、技术难题的解决之道，帮助解决技术难题。

二、专利分析方法

专利技术分析是在对专利进行定量或定性分析的基础上,制作与技术相关的专利分析图表,并对图表进行解读得出相关结论的方法。

(一)定量分析

定量分析利用专利分析指标对专利文献有关项进行统计与排序,并对有关的数据进行解释和分析,从而得到研究技术领域的发展态势。相关指标包括申请日期、申请人、专利权人、发明人、分类号等,主要通过数量、时间或排名等方式进行统计,将零散的信息转化为系统的有价值的信息,以统计图表的形式展现出来,利于解读,达到评估特定技术领域的技术、产业和市场等发展趋势。定量分析方法主要有技术生命周期、专利地图以及引文分析等。技术生命周期可以确认技术发展的不同阶段:萌芽阶段——重要的基本发明的诞生;生长阶段——应用发明专利逐渐遍及相关领域;成熟阶段——改良发明专利和实用新型专利大量涌现;衰老阶段——发明专利和实用新型专利量逐渐减小,而外观设计和商标的申请量却相对升高。专利地图是对技术信息、经济信息及法律信息等大量错综复杂的信息制作成可视性强的专利分析图,便于理解。引文分析可以厘清技术发展脉络,通过专利技术引证关系与时间性的结合,发现技术发展脉络,厘清各时间段热点技术,支持技术决策。

(二)定性分析

定性分析又称技术分析,是指通过对专利说明书的内容进行归纳分析,以了解某一技术的发展状况,具有很强的专业性,需要专利信息工作者与专业技术人员密切配合。通过专利文献的引证指数和同族专利指数这两个指标并结合人工阅读来衡量其重要程度可以获得核心专利文献,对这些文献的技术内容进行详尽的分析,并在此基础上,进行相关的比较研究,以期得出研发方向、专利壁垒、技术引进、风险化解等方面的结论。技术功效分析通常由技术和功效来构建功效矩阵进行分析,可以看出专利申请的关键点上不同的技术需求的集中度。较为集中的可以确定为重点或热点技术,申请量较少的可以认为是空白点技术。此外,还可以从区域、国际专利分类/美国专利分类、申请人分析和发明人等方面进行分析。

三、专利分析在技术研发中的作用

技术研发都需要借鉴他人的已有成果,在此基础上进行原始创新、集成创新或引进消化吸收再创新。无论何种创新,充分利用科技信息,"站在巨人肩膀上",才能取得真正高质量的创新性技术研发成果,大大降低创新风险,防止低水平重复,并真正掌握自主知识产权的主动权。

(一)技术研发项目立项

在项目立项及设计阶段,需要了解技术发展趋势及现有技术基础,使用专利分析可以了解技术发展的宏观趋势、行业发展阶段、竞争对手研发状态等方面的信息。如"863"计划项目建议书明确规定需要了解技术发展趋势及现有技术基础为:一是国内外技术发展趋势与现状,相关知识产权、技术标准情况分析;二是国内现有研究工作基础及存在问题,主要从国内技术基础、研发力量等方面阐述项目立项的成熟性。

(1)启迪创新灵感,把握研发重点。通过专利发展趋势图可以获取相关领域的技术发展状态、研发重点以及科研活跃程度,选择可行技术研发方向。其中从专利申请发展趋势图中可推断出该技术在各时期内研发投入的情形;技术进退图能够在总体上了解近年该行业的新增技术及退出技术。生命周期图可以评估相关技术的成熟度,以明确技术研发重点及投入力度。通常在技术的生命周期处于发展阶段时,可加大研发投入,处在技术衰退期应减少研发投入。

(2)了解竞争对手。专利技术产出目标地区以及申请人分布可以获取地区的技术研发活跃程度和主要竞争对手技术实力;通过分析领先国家和领先竞争对手的相关专利,可以获取竞争对手目前的技术分布状态、研发投入、研发趋向,提供技术演化方向和研究投入方向,为自身的决策提供依据。对主要竞争对手的专利做 IPC 分析,还可发现这些公司的热点申请领域,这些热点领域通常为研发投入较大的领域,且公司往往在该领域有一定的优势。

(3)追踪技术领域的趋势。IPC 分类分析图可以揭示该技术研发热点、重点领域,还有助于判断技术类别的密集区域和空白区域。技术/功效矩阵表中各区域的密度分布,可以显示出发明目的与功能相对应的技术热点和空白点,为把握新产品开发的方向性、规划新产品开发提供重要线索。同族规模的大小也可以从一个侧面反映出该专利申请技术的重要性;某一领域或专利的同族专利越多,意味着其受重视程度越高,预示着研发前景良好。

(4)提供技术思路。专利分析还可以为技术研发提供主要技术路线。利用引文分析可以确定核心专利,了解技术发展历程及专利保护轨迹,并显现出基本专利及技术交叉点的专利和新技术空白点。通过功效矩阵分析,可以考察某一技术的主要覆盖功能的方面,横向了解技术的优缺点、技术解决问题的集中点等。通过专利分析,可以得到供技术研发项目选择的技术方案以及拟采取的主要技术方案,避免造成研究成果侵权,浪费研发投入。

(二)技术研发项目实施

在技术研发项目实施过程中,研发人员通常需要设计或调整技术思路,解决技术问题,改进现有技术,专利技术分析可以为之提供有效途径。

(1)解决研发难题。在技术研发过程中,会出现各种要解决的技术问题。专利分析可以查找到能够解决相关或相同问题的专利文献,为技术问题提供技术方案。如专利技术功效图能呈现某技术发展过程中克服过的主要技术难题、技术瓶颈。

(2)指导技术改进。以现有技术手段为基础,通过改进现有技术,增加功能或改善功能。为此,研发人员可以利用专利技术功效图,查看现有产品的主要功能、采用的技术手段,以判断在现有功能基础上,还可以增加何种功能。为达到这种功能,目前主要采用何种技术手段,研发人员可以此为基础进行改造。

(3)规避侵权。无论在立项还是研发阶段,技术方案、研发成果的侵权规避十分重要。目前,我国的技术创新以模仿创新、集成创新为主,因而研发人员尤其要注意规避研发侵权。一是在技术方案设计中,对于现有技术如不侵权,则直接消化吸收;如侵权,可以对权利要求进行分析,避开其保护范围或以现有技术替代;如无法避开,则可以无效其专利权或合理引进消化吸收。二是在技术研发过程中,模仿创新、集成创新的成果应及时申报专利,取得自主知识产权,形成后发优势。总之,专利分析可以为技术研发立项、项目实施以及最后建立知识产权预警制度提供宝贵的参考。在研究开发中，综合运用专利定量和定性分析方法，为技术研发提供技术支持、技术方向、避免侵权等辅助信息，提高技术产品的研发水平。

第四节 技术创新与专利战略

企业技术创新是企业专利战略的重要目标，这一点可从以下四方面理解：

（1）技术创新一般来说是企业获得专利的前提。专利是新技术的代名词。当今世界90%以上的新技术都可以在专利文献中找到，足见专利与新技术的密切关系。企业专利战略的基点是围绕专利技术进行的，故而促进技术创新构成了企业专利战略的重要目标。

（2）技术创新是企业新产品生产经营的前奏。企业实施专利战略最终是要从市场中获取有利的竞争地位。这一过程是伴随着企业新技术的运用、新产品在市场中的营运逐步实现的。

（3）技术创新的"含金量"是决定企业专利战略发挥作用的关键因素。特别是在基本技术研究开发方面，这一点表现得更为明显。西方一些大企业就是靠研究开发出某种基本技术实施专利纵深保护而起家的。

（4）技术创新的成败，在很大程度上决定着技术专利战略实施的成败。技术创新往往伴随着技术发明，这些技术发明连同由此形成的技术秘密、专利技术是企业独特的无形资产，是企业资产的重要组成部分，也是企业实施知识产权战略的重要资本。从专利的角度讲，在技术创新的基础上配合以严密的专利管理，实施专利战略，是西方众多大企业发展的普遍规律。

第五节 中小企业技术创新中的专利战略应用

由于以研究、开发为核心的技术创新是企业专利战略的重要目标，在实践中研究、开发战略与专利是紧密地结合在一起的。

一、企业专利技术研究、开发的战略定位

企业研究、开发的成果很大一部分表现为技术发明,而这种技术发明一般是以专利形式加以保护的。因此,从专利战略的角度看,企业研究、开发战略即表现为专利技术研究、开发战略。一般来说,企业研究开发有以下几个具体的目标:一是开发出全新的技术,二是对现有技术进行全面改造,三是对一部分技术进行开发改造。从专利的角度看,企业研究开发成果无非是产品或方法两种类型。企业究竟应以什么思路确定专利技术研究、开发目标,这就涉及专利技术研究、开发的战略定位问题。从世界上许多国家企业专利技术研究、开发战略实施情况看,这种战略主要有以下三种模式:开拓型、追随型和引进型。其中开拓型以美国为代表,其成果一般表现为基本专利,追随型和引进型以日本为代表,其成果多表现为引进专利、外围专利、应用专利。

(一) 开拓型战略

开拓型战略又称为领先型战略,它是一种积极主动地利用自己的技术优势和经济实力,抢在同行前面,集中攻关,研制出富有技术竞争力和市场前景的具有很强创造性的专利产品,以抢先占领市场获取超额利润的战略。实施这一战略的核心是技术领先,要抢在竞争对手前面占领技术制高点,形成自己的专利,占有技术的垄断权。开拓型战略可谓一种居高临下、先发制人之招数。这一战略在当代高新技术领域运用得最广泛。成功实施这一战略可以使企业占据极大的主动性。但是,并非任何企业的专利技术研究、开发都适用这一战略。实施开拓型战略应具备如下条件:①企业拥有较强的研究、开发能力,包括在基础研究方面的实力。②企业经济实力较雄厚,能够为以研究、开发为核心的技术创新投入较多的资金和技术设备。③企业在专利产品商品化、市场化方面有较强的开拓能力,能够及时对研究、开发成果进行商品化生产或通过利用专利方法提高市场竞争力。④企业对技术的市场走向有较强的预见能力,且有能力分散研究、开发风险。在我国,也有一些大中型企业比较成功地实施开拓型战略。例如,鞍山钢铁公司为开发"双球烧结工艺"专利技术,从1986年开始,投入两个设计院、两个研究所、十四个处室、六个二级公司、六个厂矿的力量,投资额580万元,一百多名科技人

员历时两年。专家估计该技术实施后年效益可达到 1.3 亿元。

(二) 追随型战略

追随型战略又称模仿改进型战略、跟随型战略。它是指企业通过对本企业和他人已采用的技术进行改进、完善,在原有的基础上创造出高质量、低成本的产品以控制和占领市场的一种专利技术研究、开发战略。追随型战略与引进型战略相比有自己的优势。例如,开拓型战略的实施尽管市场效益会更大,但技术和市场的风险也大得多,开发成本也多。追随型战略则可以大大减少这种风险,并可以节省研究时间和经费。又如,在开拓型战略下产生的新技术、新产品可能并不完美,作为追随者则可以扬长避短,后来居上。当然这种战略的运用也有自身的局限性。如果长期单纯运用这一战略,会不利于企业独立研究、开发能力的提高,而且有可能形成依赖他人企业的倾向。此外,开拓型战略下的技术创新成果很大一部分表现为基本专利,基本专利辅之以外围专利,对某一技术领域的研究、开发会构建一个强大的技术屏障,使追随者望尘莫及。与开拓型战略一样,追随型战略的适用也有一定的条件。主要有:①企业拥有比较健全的专利情报网络,并且善于分析和掌握其他企业的技术发展动态和市场动向;②企业有比较强的研究、开发能力,特别是善于在已有技术基础上研制新产品;③企业有较强的新产品生产、销售实力,特别是开拓新产品市场的营销力量。如前所述,追随型战略在日本运用得十分成功。如录像带以及录像机的研究、开发就很有代表性。利用氧化铬制作录像带的技术曾由日本某电厂的技术人员做过基础研究。但该厂对这一技术并未引起重视。美国的杜邦公司在这一基础研究成果上进行了研究、开发,并取得了在日本的专利权。但该专利技术当时在商品化上还很不成熟,一时并未引起其他厂商更多的注意。后来,日本索尼公司通过专利情报分析,对其市场应用前景做了充分的肯定,于是决定对其进行技术开发,并迅速取得了杜邦公司在日本的该专利的实施权,终于使录像带成为索尼公司的"摇钱树"。同时,录像机也是由日本索尼公司发明的,录像机问世后市场状况日渐看好。但当时这种录像机存在的一个缺点就是容量小,放映时间短。日本松下公司发现了这一点,于是决定在索尼公司录像机的基础上进行技术开发,终于研制出一种容量大、放映时间长、质量更可靠的录像机,并及时申请获得了多项专利,很快地占领了市场。

（三）引进型战略

引进型战略是一种主动采取"拿来主义"的做法。即企业通过专利有偿转让、专有技术转让等形式直接利用他人的专利技术和其他技术成果的一种战略。引进型战略的运用有其必然性，就是一个企业不论有多强的技术创新能力，也不可能研究、开发出所有的技术，而国际上技术贸易机制已越来越健全，为技术引进提供了良好的外部环境。并且，技术引进本身具有一些优点，如它可节约大量的研究、开发费用，避免研究、开发风险，收效快。正因如此，引进型专利战略在发达国家也是广为运用的。例如，尽管美国是世界上头号技术输出国，但每年也要花费数亿美元用于引进技术。日本则是运用这一战略最成功的国家。日本每年向国外引进技术两千多项，花费20亿美元，这些技术80%是专利技术。如日本的松下公司原来是一个不起眼的小厂，现在已跃升为日本第六大企业，这与它从世界上成功引进四百多项专利有很大的关系。松下公司下设的二十余个用新技术装备的生产实验室，其研究、开发工作主要就是分析具有竞争性的产品，设法把具有竞争性的产品制造得更好。当然，引进型战略的运用必须与引进技术后的消化、吸收、改进、创新结合起来，否则会造成长期依赖他人技术，缺乏独立技术创新能力的后果。

二、企业专利技术研究、开发中专利战略的运用

企业专利技术研究、开发是一个系统过程。这一过程同时也是与专利结合为一体的过程，在研究、开发的各个阶段，如研究开发决策阶段、制定计划阶段、施行研究开发计划阶段、收获成果阶段、研究开发成果进入新产品生产经营阶段等都有需要利用专利的各种作用，涉及企业专利战略的运用。下面对其中的主要内容进行研究。

（一）企业专利技术研究、开发制定计划阶段的专利战略

企业专利技术研究、开发前，首先应当确定选题，进行研究、开发决策，并制定具体的研究、开发计划。选题的确定离不开对选题的论证、调查以及充分利用专利情报。企业在这一阶段需要弄清许多情况，其中特别重要的是技术动态，取得专利的可能性以及其他企业相关专利的情况。为此，企业应充分利用专利情报。有资料统计，正确有效地利用专利情报文献，可以

节省60%的研究时间和40%的研究经费，专利情报是最新技术信息的宝库，是一种极其有效的情报源。概括地讲，企业在确定研究、开发选题、制定研究开发计划上利用专利情报主要有以下作用：

（1）弄清本企业在研究、开发前所处的地位，以及竞争对手状况、本企业在技术上的优势和不足。通过分析专利情报，可以掌握企业是处于领先地位还是落后地位，是否可以取得领先地位，主要的竞争对手有哪些等情况。这对于确定企业专利技术研究、开发的战略定位，也是极有益的。

（2）预测技术的发展动态。技术预测是市场预测的先导，也是进行研究、开发决策的重要依据。技术预测可以运用定量分析的方法，进行专利动态剖析。通过利用专利情报进行技术预测，企业可以比较清楚地了解现有技术所处的阶段、未来的发展方向以及新技术涉及的关联领域，还可以了解本行业的技术发展动态，以及新技术的竞争焦点所在等。

（3）对取得专利的可能性进行评价。专利技术研究、开发直接目标是获得专利权。如果拟研究、开发的技术不可能获得专利权，就没有必要进行研究、开发。

（4）对其他企业的专利状况和技术动态进行评价。在选定课题时，了解其他企业的专利状况，可以避免研究、开发工作与他人专利相抵触，避免侵权的发生。对其他企业技术动态进行评价则可以了解到其他企业拟进入市场的产品的专业方向和其他企业设置专利网的情况。主要做法仍然是以专利情报为主进行定量分析。

（二）实施专利技术研究、开发计划阶段的专利战略

这一阶段的专利战略主要涉及以下内容：

（1）利用专利情报为向导进行研究、开发，依据专利情报对研究、开发计划及时进行修改。企业利用专利情报除保证研究、开发计划选题的正确性外，还可以开阔研究视野，启迪研究思路，提高研究开发效率。不仅如此，还可以解决新技术、新产品开发过程中遇到的难题。西安飞机工业公司与国外航空企业的合作生产就提供了这方面的经验。该公司为了缩小与发达国家航空技术的差距，提出了"美国波音公司专利文献的开发应用研究"课题，其中共检索、筛选821项，按不同专利分类翻译汇编了《波音公司航空专利选辑》，用于指导科研攻关和技术创新工作，先后为工艺、设计解决了很多

科研难题。

（2）监测其他企业技术开发和专利进展动态，及时采取对策。对其他企业技术动态与专利进展情况的了解不仅限于制定研究、开发计划阶段，在本阶段同样具有重要意义。如发现第三者的专利对本企业构成妨碍，则应适时采取专利排除策略。在有的情况下竞争对手的专利无法排除，也无法绕过去，就只能停止原研究、开发计划的实施。但也并不是在任何情况下都要停止研究、开发工作。如争取到专利实施许可或交叉许可，就可以解决与竞争对手专利相抵触的问题。

（三）研究、开发成果完成阶段的专利战略

这一阶段专利战略的重心是对取得的成果及时进行相应的知识产权评价，对符合专利性的技术创新成果及时申请专利，获得专利的保护。一般来说，对于可以做技术秘密保密的，可以不申请专利。企业对于竞争对手多、市场需求量大，并且易被模仿的技术开发成果应及时申请专利，基本技术则还存在配合专利网战略的问题。对于企业创造性很强而很难被模仿的技术创新成果，则不一定要很快申请专利，以免因为技术公开过早而被多个竞争对手开发形成专利网的反包围。但这也应掌握好时机，否则可能会酿成严重的后果。

章后案例

日本企业是从 20 世纪 50 年代末开始进行半导体技术研究、开发的。当时欧美企业在这方面已形成了强劲的专利壁垒，令日本企业难以招架。在这些专利中，W 公司获得的关于半导体支撑板专利，严重威胁到日本企业的生存。日立公司等半导体厂家叫苦不迭。W 公司为使技术获得强劲的保护，在申请专利时，把其中若干种类的变形构造也写进了权利要求中，这样就扩展了权利保护范围。对于支撑板，还将其作为选择发明提出了分案申请。这样就使在以钨为主要成分的支撑板生产技术产生之前，日本日立公司不得不支付了巨额的专利使用费。实际上，当时日立公司研究人员也曾设想用钼做半导体支撑板，写在《研究记录》上。然而，研究人员和研究部门负责人没有想到要将这一构想申请专利。企业对研究、开发成果申请并取得专利后，从专利战略的角度看，即进入专利权运用和对其他企业采取专利对策实施阶段。这方面也有许多内容值得研究。这里只是从专利许可的角度稍做探讨。专利许可是专利权运用的一种积极战略。但企业在获得来之不易的技术创新成果后,在专利技术商品化早期阶段却应慎重运用,否则易造成他人后来居上,自己反受到牵制的后果。在这方面,美国厂商有关电视机专利技术的运用就是一个教训。20世纪20年代,美籍苏联人兹屋里金发明了光电显像管,一下使美国电视产品占据了欧美市场,但在进入日本市场时却受到了抵制。在这种情况下,美国厂家即将该专利技术及彩电许可证售给日本企业,日本企业于是集中技术力量全力攻关,使电视机质量赶上了美国的电视机质量,而由于其价格便宜又反过来占领了美国市场。据统计,1968年美国还有28家大型电视机制造厂,到1976年剩下6家,而到20世纪80年代初期则只有一家了。美国的电视机制造产业就这样在日本企业专利战略攻势下瓦解了。

第六章　中小企业技术创新与商标战略

第一节　企业商标战略的制定与实施

一、企业商标战略的概念与特点

商标战略可被定义为：企业为获取与保持市场竞争优势，运用商标制度提供的保护手段，达到树立企业形象、促成产品或服务占领市场的总体性谋划。

商标战略对于企业来讲是一项重要的经营战略，作为实施商标战略的主体，中国企业应充分认识到当前以及今后市场竞争的严峻形势，充分认识市场竞争的残酷与多变，有目的、有计划地实施商标战略，努力在国内外市场竞争中争得一席之地。

企业商标战略作为企业知识产权战略的一部分，自然具有企业知识产权战略的共性，除此之外，企业商标战略还具有如下特点。

（1）商标战略与名牌战略、产品质量战略有着内在联系。"名牌"本身不是一个法律术语，但它通常指的就是驰名商标，当然也包括驰名商号。创名牌战略与创驰名商标战略在根本上是一致的，因为商标具有的识别、传播、保护和促销四大功能决定了其在企业创名牌中具有十分重要的作用。创驰名商标战略的成功最后也必然是创名牌战略的成功。

产品质量战略是指通过提高产品质量赢得消费者信任，继而开拓和占领营销市场的一种企业战略。应当说，我国多数企业这方面的意识比较强。相比之下，将商标战略看成企业另一个全局性、根本性的大问题，许多企业还没有意识到。其实，它们之间具有十分密切的内在联系：一方面，商标战略的成功实施离不开产品质量战略的运用,因为产品质量是维护商标声誉的基石;另一方面,产品质量战略如果没有商标战略的"协同作战",企业产品终究难以获得竞争力。

(2) 商标战略与 CI(企业形象)战略亦具有内在联系。企业识别系统(Corporate Ientity Systems)是美国 20 世纪 60 年代开始在企业经营中使用的一种战略,称为企业形象体系,现已被国内外很多著名企业所利用。CI 战略旨在创造个性化的企业形象,使之深刻地印在人们的心目中。CI 战略包含三个子系统,即理念识别(MI)、行为识别(BI)和视觉识别(VI),其中理念识别涉及企业经营哲学、企业精神、经营观念、企业使命和目标等,与企业文化息息相关;行为识别涉及企业员工的行为方式、企业内部的规章制度、企业经营活动等;视觉识别涉及企业名称、商标、企业形象标志等。从广义的 CI 战略理解,商标战略可视为 CI 战略的组成部分,而且是不可缺少的组成部分。因为商标其实也就是企业形象价值表现的信誉要素,商标形象可视为企业形象的一个重要组成部分。商标的信誉反映了企业的信誉,商标形象一旦建立起来,就会为企业形象增色。这里不妨以黑五类食品集团"黑色食品专家"企业形象定位为例加以说明。黑五类食品集团的前身是南方食品厂,当初的规模非常小。1994 年集团成立时,专门就企业形象进行了规划,选择"致力黑色食品,共创健康人生"的理念,取得了非常大的成效。如此规划,对集团企业形象的建立,商标战略的实施也起到了巨大作用。

(3) 商标战略具有极强的市场性。商标战略极强的市场性来源于商标的市场性特点,而商标的市场性则是由其基本的市场功能决定的。商标作为开拓市场的武器,是企业参与市场竞争的有力手段。商标被消费者接受的程度,也是通过以市场为媒介实现的。商标信誉的高低,则主要是由商品在市场上的占有率决定的。可以说,商标与市场具有密不可分的关系,商标是企业将商品推向市场的纽带,离开了市场,企业商标将不具有任何价值。作为商标所有人的企业使用商标的重要目的就是要让消费者在市场中通过商标的导向作用识别并接受自己的商品。

二、企业商标战略的构成要素

(一) 企业商标战略思想

企业商标战略思想是企业在一定时期内对商标全局、长期看法和打算所形成的观念体系。企业商标战略思想形成的基础是企业商标意识，应当说，企业商标意识的深度和广度决定了企业商标战略思想的内容。企业商标意识越强，企业商标战略思想越丰富。企业商标意识本身的内涵比较多，如商标注册意识、商标信誉意识、商标法律意识、商标宣传意识、商标评估意识、创立驰名商标意识、商标文化意识等。企业商标战略的开展应首先在商标意识方面下功夫。企业应充分认识到商标不仅是保护自己合法权益的重要保障，而且也是开展市场竞争的重要武器。商标是企业的一种重要的无形资产，企业应像对待有形资产一样将其纳入经营管理议事日程。当然，企业商标战略思想的形成仅靠具有商标意识是不够的，它还依赖于企业对商标的运作具有战略眼光，即从战略的高度充分认识商标是企业的生命，关系着企业的兴衰成败。

（二）企业商标战略目标

企业商标战略目标是指企业在一定时期内关于商标战略的奋斗目标，即企业商标战略预期达到的总要求。企业商标战略从我国商标战略层次上讲属于微观层次，受到属于宏观层次的国家商标战略的制约和指导。国家商标战略的制定有利于企业在较高起点上制定商标战略、确定商标战略目标。

企业商标战略目标可以分为近期目标与长远目标两类。就近期目标而言，商标战略目标是运用商标保护手段，树立商标形象和企业形象，使商标赢得消费者的认可和青睐，扩大产品的销售市场。就长远目标而言，企业商标战略目标则是创立驰名商标，进而实现开拓市场、控制市场并最终取得市场竞争有利地位的目的，在这一点上，企业商标战略与国家商标战略是完全一致的，这是因为，国家商标战略的实施最终只有依托企业才能实现。而且，比较一下企业专利战略目标，可以发现在终极目标上它们是一致的，即取得市场竞争优势，从这里也可以看出，企业专利战略与商标战略的实施对于企业的发展具有殊途同归的效果，这也从一个侧面体现了知识产权战略作为一种竞争战略的特色和本质。

（三）企业商标战略方案

企业商标战略方案是实现企业商标战略目标的可行途径。企业商标战略方案包括商标确权以及运用商标保护手段开拓商品市场、赢得消费者信任并最终使自己的商标驰名以获得市场竞争优势的策略等内容。其中前者涉及商

第六章　中小企业技术创新与商标战略

标设计、商标注册与否的决策、商标买卖与转让、商标在国外的确权、对其他企业商标确权的防御等；后者涉及商标使用的不同策略、创立驰名商标策略、防止驰名商标淡化与防止商标被抢先注册、对其他企业采取商标防御对策等策略。从广义上讲，商标评估、投资也应纳入商标战略方案之列。

（四）商标战略动态调节机制

与企业专利战略一样，企业商标战略也具有可调节的动态性。企业的内部和外部环境，对企业商标战略都会发生影响，有时某一环境变化后，甚至会发生重大影响。例如，企业在进行资产重组、合资、入股时，对既有商标的处理就有不同的方式，商标战略要适应变化后的企业形势。但也应指出，尽管商标战略具有相对稳定性，企业商标战略的实施计划却可以表现出较大的灵活性。

（五）商标政策与法律

商标政策与法律也是企业商标战略结构要素中的一员。企业商标战略的制定与实施都是以符合商标政策与法律为前提的。无论是制定还是实施企业商标战略，都离不开现行商标政策与法律的规范、指导。当然，企业商标战略实施也是将商标政策与法律落到实处的重要体现。实际上，商标政策与法律也是上述企业商标动态调节机制中的一个因子。例如，商标政策与法律的变化将对企业实施某一方面甚至全局性的商标战略产生影响，企业商标战略当然要及时做出调整。

三、企业商标战略的制定

（一）企业商标战略的立项

立项即确定企业商标战略的课题。它可以是企业商标总战略，也可以是企业某一方面的商标战略，如企业新产品开发和利用中的商标战略、商标注册战略等。

（二）企业商标战略的事前准备工作

这方面的工作主要有以下三点：

（1）确定组成人员。企业商标战略与专利战略最大的不同之处是，它与本企业的技术研究开发、科技战略没有直接的联系，而与市场营销具有十分密切的联系。因此，制定企业商标战略的人员，除主管企业生产经营的领导外，主要还包括企业经营管理人员、产品推销人员、法律事务部人员等。当然，如果是专利商标战略的结合运用，则应考虑企业的技术人员、专利管理人员等。

（2）为商标战略的制定实施提供物质基础。企业商标战略，无论是从筹划、人员配备、制定方案与实施，都需要一定的经费保障。因此，筹措必要的资金是不可少的物质条件之一。企业不应将其视为一笔额外的成本和开支，而应将其视为开展战略管理和获得市场竞争优势必不可少的投入。

（3）进行商标调查与市场情况调查。商标调查、市场调查可以为企业制定商标战略提供重要的决策依据。商标调查的主要内容包括：本企业不同时期及现在不同产品上注册商标或未注册商标使用情况；企业商标的信誉度大小；同类商品国内外注册情况；同类商品竞争对手商标状况、知名度高低；同类商品有无驰名或者知名商标；商标在本企业中受重视的情况等。

市场调查主要应弄清楚以下事项：本企业产品在市场上竞争力如何、市场占有率有多大；其他竞争对手同类产品市场销售情况、经营战略意图；本企业产品在市场上所处的地位；消费者对本企业产品的市场评价等。

（三）企业商标战略目标

为确定企业商标战略目标，企业应做好以下两项工作：

（1）企业现状综合分析。涉及确定企业商标战略目标方面的企业现状综合分析应包括以下内容：企业性质、生产经营方针和规模；企业经济实力；企业产品销售市场及产品市场竞争力；企业资源配置状况；企业在同行中所处的地位；企业研究开发新产品的能力和现状；企业商标工作和商标管理状况；企业市场发展前景等。

（2）市场情况和商标文献分析。企业前期准备工作中的市场调查、商标调查是为这一步工作服务的，通过这步分析，就能使商标战略的制定符合本企业的实际。其中商标文献分析主要涉及商标情报分析。目前，我国很多企业对商标的情报价值不够重视，以致在商标战略制定和商标决策过程中出现失误。一般来说，企业可以掌握的商标文献、商标情报信息主要有：与自己产品相同或类似的产品的国内外竞争对手的商标使用情况；国内外竞争对手的商标注册申请和商标注册情况；国内外竞争对手的商标的法律状况，如变更、失效、续展等信息；本企业拟开展商标国际化经营所涉及的国家或地区的商标立法动态等。

（四）企业商标战略方案的选择

企业确定商标战略目标以后，在市场调查、商标调查以及综合分析论证的基础上，就可以根据商标战略目标所确定的方向，拟订商标战略方案，然后从中选出最佳的方案。这一阶段包括的内容主要有商标战略方案的拟订、商标品牌化决策、商标的利用与管理，以及对其他企业商标采取的对策等。商标战略方案的最后选择，主要应考虑方案的可行性、适应性、科学性。

在制定企业商标战略中，商标战略规划值得研究。制定企业商标战略规划的目的是为企业商标战略确定具体的方向、目标和指导方针，为企业日常的商标管理活动制定行为规范，同时为企业商标经营提供指导，因而它涉及的是企业商标工作中非常重要的问题。企业商标战略规划与商标的属性、结构、使用方式、管理机制与品牌愿景等因素直接相关。在具体制定时，需要重点考虑商标化决策、商标使用模式选择、商标识别界定、商标延伸决策、商标管理规划与品牌愿景等。其中商标化决策需要考虑是选择注册商标还是未注册商标、是选择制造商商标还是销售商商标、是使用自有商标还是使用加盟商标等内容。商标使用模式解决的是品牌的结构问题，如实施统一商标策略还是个别商标策略，或主副商标策略，企业需要根据其经营的产品类型、所在行业特点、经济实力等多方面考虑加以决定。商标识别界定则是要在商标战略规划中确定企业商标在消费者心目中的特定形象和个性。这一部分在企业商标战略规划中占据核心地位，也是企业商标战略规划建设中最具挑战性的内容之一。企业需要从商标负载企业的核心价值出发，从商标的理念识别、行为识别和视觉识别等方面加以规划。商标延伸决策是针对企业产品在未来发展可能延展的类别与范围进行决策，在制定企业商标战略规划时即需要为未来实施商标延伸策略提供足够的空间。商标管理规划是从商标管理组织建构和制度保障方面进行规划，是企业商标战略规划的基础条件和保障。品牌愿景则是在确立商标战略目标的基础上，为商标战略在不同阶段的目标提供清晰的蓝图。上述这些不同内容，共同构成了企业商标战略规划的基本框架。

四、企业商标战略的实施

企业商标战略制定后，下一步工作就是如何有效地予以实施。关于实施的具体要求，前面论述的专利战略的实施也基本上适用于此。需要强调的是，企业在实施中应特别重视市场情况的变化，企业应根据市场情况不失时机地对其商标战略实施计划进行调整，但不应轻易更改商标战略总体格局。

另外，从企业商标战略实施的总体过程看，需要重视以下四个要点：

（1）商标战略在实施中应高度地融合于企业总体战略之中，并促进总体战略的发展。如前所述，制定企业商标战略时，应将其纳入企业营销战略和企业经营发展总战略中。因此，在实施该战略时，也应将其高度地融合于企业总体战略中。原因在于，企业商标形象塑造涉及企业生产经营管理的所有重大决策。

（2）以科技为后盾，树立质量第一观念。企业商标战略与质量战略之间的紧密联系表明，商标战略实施需要以产品质量的优质做保障。企业商标声誉提高的过程，与其产品质量保障是一脉相承的，而产品质量提高需要以科技创新为后盾。在科技创新中，企业研究开发则具有举足轻重的地位，而研究开发需要企业专利战略的指导。这也从侧面说明企业不同知识产权战略之间的内在协同性。

（3）强化市场营销，提高商标声誉。市场营销是实施企业商标战略的重要环节。企业商标是通过市场营销而得到消费者认可和青睐的。市场营销方式多种多样，组合营销、关系营销、差异化经营是实用的策略，企业需要根据自身产品和市场定位加以选择使用。

（4）以消费者为核心，建立良好的客户关系管理系统。良好的客户关系是确立企业商标形象，促进商品销售的根本措施之一。企业需要以市场为导向，通过产品创新，不断开发出满足消费者需要的新产品。并且，企业需要借助现代科学管理手段和网络，建立良好的客户关系管理系统，最大限度地满足消费者需求。

第二节 中小企业技术创新中的商标战略运用

一、企业商标设计、选择战略

我国《商标法》第八条的规定，商标是指"任何能够将自然人、法人或其他组织的商品或服务与他人的商品或服务区别开的文字、图形、数字、三维标志和颜色组合,以及上述要素的组合"。人们了解一个商品或一种服务一般先从认识该商品或服务的商标开始。因此,商标的选择至关重要。商标选择战略是企业商标战略的基础。

(一) 商标应具有合法性

商标的设计、选择首先应考虑法律上的有效性,不具有合法性的商标是不能获准注册并获得商标专用权的。即使是未注册商标也必须符合法律的规定,否则不得使用。合法性首先体现在商标的构成要素上。我国《商标法》规定,商标由文字、图形、字母、数字、三维标志、颜色组合和声音等,以及上述要素的组合构成。合法性还体现在商标不得违背我国《商标法》的"禁用条款"。如果设计的商标用于出口商品上,则还应遵守产品输入国商标法的规定。各国商标法律对可以注册的商标都有一些限制性规定,对准备开展国际化经营的企业来说,在外国申请注册商标时应更加注意。

(二) 商标应具有显著性

显著性是我国《商标法》对获准注册商标的普遍要求。我国《商标法》第九条规定:申请注册的商标,应当有显著特征,便于识别,并不得与他人在先取得的合法权利相冲突。显著性既是商标立法对注册商标的要求,也是商标设计、选择应当重点考虑的问题。一个缺乏显著性的商标不能获准注册,即使获准注册了,也难以在市场上凭借商标的作用打开局面。

所谓商标的显著性是指商标从总体上具有独自特征并能与他人同种或类似商品的商标区别开来,即"商标的独特性或可识别性"。商标的显著性要求企业在进行商标设计时,应遵循以下几个原则:第一,使用的商标与所依附的商品没有直接的关联;第二,使用的商标与他人及行业通用、共用的标志相区别;第三,使用的商标与指定商品上的标志相区别。

此外,商标设计要简练突出、线条突出,富有自身特色,做到简单、明确、易记、易听、易看、易读、易写。

(三) 商标标记感强、具有独创性

企业设计与选择商标应当刻意创新,有自己独特的构思、创意。过去我国不少企业在商标设计与选择上习惯用吉利词汇,或是名胜古迹、山川、河流、地名,或是花草鱼虫鸟兽名称等,千篇一律,缺乏时代感,独创性很低，应当注意改进。此外，商标独创性还要求企业设计的商标名称或图形不得与同一种或类似商品上已经注册的或初步审定的商标相同或近似，这也是商标设计、选择时应当注意的。从标记感强、具有独创性角度讲，企业应当从本企业及产品经营方针、销售市场、外部环境等方面综合考虑，独辟蹊径，勇于创新。

（四）商标设计应符合民族习惯，适合产品外销

商标设计应考虑民族习惯，特别是商品出口时使用的商标要符合产品输入国的风土民情、风俗习惯，考虑当地的宗教信仰。例如，各国民族有不同的忌讳和爱好，出口商品的商标设计应考虑这些因素。东南亚人喜欢象，英国人却认为这是累赘无用的东西；日本人喜欢龟、鹤；印度人忌佛像；伊斯兰教民族忌熊猫、猪、狗；瑞士忌猫头鹰、狐狸等。

此外，语言文字也是要考虑的一个因素。如我国出口到美国的"芳芳"牙膏之所以在美销售受阻，是因为该商品的英文商标是由汉语拼音"FANG"转换而来，而该词在英文中有毒牙、狗牙的意思。又如美国通用汽车公司生产的"NOVA"牌汽车在拉美无人问津，因为这个词在西班牙语中是"不走"的意思。

二、中小企业商标申请及使用策略

企业的商标申请策略对企业及时有效的商标注册以及企业的发展具有十分重要的作用，它奠定了企业商标战略实施的基础。下面就是否申请商标，以及何时对哪个类别在何地申请商标等问题，提出四种适合我国中小企业的商标申请策略。

（一）申请自己商标的策略

对于中小企业是否要申请自己的商标，学者们有不同的观点。如钟玲认为，对于我国大多数实力较差的中小型企业如果短期内无法创出名牌，而一般品牌又不能给企业带来什么特别利益，无品牌化策略不失为一个可选择的方法。宋高峰认为，创品牌是一项成本高昂、历时长远的工作，我国大多数实力较弱的企业一般在短时间内不能轻易创立自己的品牌汇。无品牌就是不申请自己的商标，对一些特殊的产品或者在以下一些特殊情况下，确实可以不使用商标：某些产品不定型，市场风险大，产品要依市场形势及时调整，

不一定要使用商标；产地销的小商品等历史上不使用商标的商品，不需要使用商标；临时性的或一次性生产的产品；某些小型企业生产经营管理水平低、财力单薄、技术力量弱，使用商标也难以树立商标信誉的，可以有条件地实行非商标化，难以在生产过程中形成一定特性而与其他产品相区别的产品，消费者在选购中没有识别商品来源的要求，此时商标化意义也不大，如矿石、铁坯等难以形成产品差别的产品，确实可以省去申请、使用商标所花费的费用。

从中小企业自身来看，许多中小企业主也认为申请商标是大企业的事，与中小企业无关。还有的中小企业主认为没有能力拥有自己的商标，申请商标得不偿失，尤其是中小企业在起步阶段，许多基本经营活动，如产品的生产、市场的开发等需要大量的资金，因而不愿意将宝贵的流动资金投入很久后才能见效的商标申请中。而且，由于现阶段申请商标周期较长，大概要三年的时间，这更为一些追求短期利益的中小企业所不齿。

不能否认，不注册商标在特定情况下也有一定的合理性，不申请商标注册、符合条件的也可以使用，并且从现实看，没有商标或者没有使用注册商标的产品多来自中小企业。但对于大多数中小企业，不申请商标有着更大的弊端，主要有以下方面：

（1）容易被别的企业抢注。未注册商标的法律地位非常不稳固。除非该商标已有一定的影响可以阻止他人的不正当抢注，或已达到驰名程度可以阻止他人注册与使用外，一旦他人申请该商标并获得注册，原使用人即丧失该商标的权利。许多中小型企业在经营过程中使用商标，但却忽视了商标的注册，结果自己辛苦经营的商标却被别的企业抢先注册了。如江西南昌的"乔家珊"曾经是南昌最好糕点的代名词，但是"乔家珊"被上海的企业注册了。一场诉讼让南昌人眼睁睁看着自己花了几十年心血培育的"乔家珊"这个牌子被别人拿走了，南昌人再也吃不到自己的"乔家珊"牌糕点了。

（2）侵犯他人的商标专用权。有的企业一直使用商标，由于没有注册，更没有经过查询，当某天因为侵犯他人商标专用权而面临主管机关的行政处罚或是被侵权当事人索赔巨额的民事赔偿时，企业的经营常会陷入非常被动的局面，甚至一蹶不振。

（3）容易被别的企业仿冒。商标专用权的取得对企业来说不仅获得了使用自己商标的权利,更重要的是可以阻止其他企业使用与自己相同或近似的商标,从而保护自己的产品和市场不受其他竞争者的侵害。不申请商标,企业无法受到法律提供的保护,这给仿冒者提供了可乘之机。

(4) 影响消费者的选择。《商标法》第四十八条明确规定了未注册商标也要遵守保护消费者权利的义务,但是相对于注册商标,消费者在面对未使用商标或者使用注册商标的商品时,可能会有所疑惑进而影响其消费选择。

解决以上弊端的唯一方法是注册自己的商标,以获得国家商标法律保护的商标专用权,从而促进企业的发展。

从企业发展的目标来看,没有几个中小企业仅是为了获取短期的微利,大多数中小企业都渴望生存与发展,并能够在将来成为一个大企业,获得商标附加的超额利润。但现实情况却并不乐观,据资料表明,我国的中小企业平均市场寿命并不长,多数企业成立不久就消失了,只有极少数的中小企业能发展为大企业。这种现实情况及中小企业渴望成长的目标导向,决定了申请商标已经成为企业自身发展的需要。中小企业只有拥有自己的商标并经营自己带商标的产品,才能赢得消费者的信赖,才有可能打开市场并逐步发展壮大。广东科龙集团多年前是个名不见经传的乡镇小企业,经过发展,近些年成长为我国家电行业颇具规模的制造企业之一。这与企业努力经营自己的商标是分不开的。因此,中小企业应当尽可能申请自己的商标。

(二) 先申请后使用战略

由于商标注册申请的提出与商标的注册获准有一个时间差,所以应当在产品投入市场前先申请商标,否则先使用商标,等出后才去注册,则有可能被抢注了。市场上许多商品使用未注册商标,这样的商标虽然可以使用,但也无法禁止他人使用,而且能否最终注册成功也不得而知,也不排除在申请过程中,被别人提出异议而注册失败的情况。因此,有必要改变过去那种先使用再注册商标的传统做法,确立先申请后使用的理念。曾经风靡武汉的土家掉渣烧饼,最初是由女大学生宴琳所创办,由于经营的烧饼具有民族特色,加之清新别致的装修,宴琳的店生意红火。此后,宴琳将"掉渣儿"商标进行了注册申请,但在审核的过程中,掉渣儿烧饼在全国就被仿冒了数百次。由于宴琳未取得"掉渣儿"商标的专有使用权,她不能禁止其他竞争者在店面上使用与该商标相同或相似的商标，以致造成市场上掉渣儿烧饼泛滥的局面。对比遍及全世界的肯德基和麦当劳，其在经营之初并不是急于将自己的产品面市，而是首先在目标国家或地区申请商标注册，这样，他人就无机可乘。

（三）建立商标注册体系化战略

1. 同类商品同一商标注册体系

同类商品同一商标注册是指一个企业生产的所有同类产品都使用一件商标的情形。例如，佳能生产的数字多功能复印机、全彩色复印机、打印机、传真机、照相机、半导体生产设备等，都以"佳能"进行了商标注册。再以海尔为例，海尔生产的家电产品，包括冰箱、空调、洗衣机、热水器、电视机及微波炉等都注册的是"海尔"商标。采用同类商品注册同一商标，首先，有利于节省宣传费用，企业在宣传一件商品的同时，惠及了其他所有商品，增强了企业的核心竞争力；其次，有利于新产品的推出，因为如果商标已具有了一定的市场影响力，新产品的推出自然会成为消费者的首选；最后，有利于扩大商标的知名度，集中优势打响一个牌子。

2. 同一商品系列化商标注册体系

同一商品商标系列化是指在同一商标上注册多个商标，以此防止他人的"搭便车"行为。此种注册方式比较典型的为注册使用联合商标。联合商标是指同一个商标所有人将自己拥有的与其注册商标相近似的若干商标，使用于同种或类似商品上，从而形成多个或系列商标的联合。其中，若干近似的商标为联合商标最先注册的为正商标。因联合商标作用和功能的特殊性，其中的某个商标闲置不用，一般不至于被国家商标主管机关撤销。如"娃哈哈"与"哈哈娃""哈娃娃"，"金利来"与"银利来""铜利来"等。再如，海尔为防止他人商标侵权，除注册"海尔"主商标外，还注册了如海儿、海耳、河尔等外围商标。这种相互近似商标注册后，不一定都使用，其目的是防止他人仿冒或注册，从而更有效地保护自己的商标。

3. 同类商品建立等级商标注册体系

所谓等级商标，是指同一经营者在其生产经营的同类但不同等级的商品上使用的系列商标。在质量、等级、价格差异较大的同类商品上，只注册一个商标，极易造成市场混乱，而注册等级商标能严格区分高、中、低档产品，能够准确地进行市场定位，便于产品进入不同的市场，满足不同消费者的爱好和需求，减少市场风险。实行等级商标注册，即一种质量的产品，注册一个商标，确定一种价格，使消费者一见到某种商标的商品，就知晓该商品的质量和档次。这可以最大限度地优化资源配置，提高企业的经济效益。同一类产品根据其不同的档次注册等级商标，既可以保持其高档产品的份额，同时又可以打入中、低档市场而且不对高档产品商标造成影响。如被称为"钟表之王"的瑞士钟表采用的就是这种等级商标注册体系，"劳力士""欧米茄"为一级瑞士名表，"浪琴"为二级瑞士名表，"梅花"为三级瑞士名表，"英纳格"为四级瑞士名表。与此相反，美国的派克钢笔曾以物美价高闻名于世，后该企业欲进入低档笔市场，没有进行等级商标注册，而仍使用"派克"商标，结果派克公司不仅没有打入低档笔市场，反而使高档笔的市场占有率急剧下降。

4. 商标、商号、域名的一体化战略

商标、商号、域名一体化战略是指企业将商标作为商号和域名的一部分进行注册。所谓商号也称企业名称，是区别不同经营主体的一种商业标记。域名是互联网上的一个企业或机构的名字，是企业之间相互联络的网络地址。很多国外知名企业将商号作为商标申请注册，如日本的"日立""丰田"等。在我国，由于商标、商号、域名的注册登记机关不一致，而且法律在这方面的漏洞也比较多，此外加上我国企业缺乏对电子商务的认识，域名保护意识薄弱，因而这几种标志之间经常发生相互抢注的情况，如"红塔山""少林寺"等许多知名民族特色商标、字号、商品服务名称在海外被他人抢先注册。所以，对于新成立的企业，从一开始就要注意将商标、商号、域名统一起来，形成三位一体的态势，这样既可以防止别人的抢注，也可通过商标权、商号权、域名权这个交织起来的域名网络相互保护，抗拒他人的规避行为。

（四）适时进行国际注册的策略

在申请的地域方面，因为商标本身具有地域性，要想在其他国家获得商标权还必须履行一定的国际申请程序。因此，企业对商品的目标市场要有一定的规划，及时进行国际的商标注册申请。我国已向总干事鲍格青博士递交了《商标国际注册马德里协定》和《商标国际注册马德里协定的议定书》

的加入书,分别成为上述协定和议定书的成员国,可以通过以上程序及时将潜在的目标国家纳入领土延伸申请的范围,以获得他国的商标保护。

随着我国经济国际化进程的加快,中小企业的跨国经营活动也越来越多,没有适时在目标市场注册给企业的发展带来很大的影响。宁宏减肥茶在日本很畅销,被人在日本提出了26种版本的商标申请,都是保健减肥产品,这就使正宗的宁宏减肥茶不得不放弃日本的市场。还有我们众所周知的联想,联想集团1986年在中国香港启用"legend"商标时,根本没有想到国际化问题。2003年,联想因国际化而换标,将原先的"legend"商标"变脸"为"lenovo",现已在全球上百个国家完成了"lenovo"的商标注册。但因此造成的损失是巨大的,当时有人预测,考虑到多年来联想在标识上的品牌推广投入和表示的市场价值,联想如果更换品牌,损失将达400亿元人民币。对于中小企业来说,被他人抢注商标可能不只是经济损失,而是直接退出目的地的市场。

三、中小企业商标的保护

商标是企业的无形资产,也是企业形象和信誉的象征,但我国中小企业对商标权益的保护薄弱,商标纠纷增加,应优化企业的外部环境,提高企业自身对商标保护的法律意识,构建合理的商标管理制度,来加强对中小企业商标权益的保护。

(一)优化外部环境

知识产权工作是一项极其复杂的系统性工作,仅依靠企业自身的力量是无法完成的,需要全社会的支持和配合。世界知识产权组织专门设立了中小型企业司,很多国家制定了专门针对中小企业的知识产权制度。顺应社会发展趋势,我国应加快在这些方面的立法,借鉴其他国家的先进经验,结合我国及各地方的实际情况,积极采取行之有效的措施。同时,要在完善立法的基础上,加大执法的力度,增强保护作用。应该说,经过近年来的努力,我国已初步形成了司法保护与行政保护相结合的综合体系,但距离企业发展的实际需要还有不小差距,许多方面仍亟待加强和提高。第一,加大对侵权行为的处罚力度,改变没有重赏也无重罚的现状。对商标的拥有者和实施者,在实行重赏的同时,要严厉打击假冒伪劣产品等侵犯企业商标权益的违法犯罪活动,对侵权者尤其是故意侵权者加大惩罚力度,有效制止商标侵权行为。第二,加强联合执法。联合执法是指有关商标执法部门和社会上有关人员的共同参与和共同行动。部门之间、不同人员之间的联合,可以产生较大的优势互补效应,形成"1+1>2"的社会整合力,这就在客观上加大了执法力度。

(二) 提高企业商标意识

提高中小企业商标保护意识,是推动企业商标保护的前提。能够给公司带来巨大的经济利益的商标,由于其"无形"却常常容易被忽视。中小企业应大力加强商标法律知识的培训工作,除了可以选派有关人员参加国家举办的有关培训以外,省市可以针对中小企业的实际需要开展系统培训、专题培训以及强化培训等。培训内容应侧重于商标的应用与保护,突出实用性,加强商标的基础知识、专题知识、案例分析以及应用操作知识等内容的学习和应用能力培养。在中小企业内部,企业也要抓住一切机会,大力宣传"商标是企业生存与发展的命脉"的观点,创造浓厚的商标保护氛围,增强全体员工尤其是管理人员的商标保护意识,使广大员工认识到加强商标权益保护是企业发展壮大的根本,是增强企业竞争力的必要条件,从而使广大员工积极投身到商标保护活动中。

(三) 构建合理的商标管理制度

规范的管理是建立在规范的机构管理和制度管理之上的,要提高中小企业商标保护水平,必须加强企业的商标制度建设。构建合理的商标管理保护制度,将使公司资产获得升值;能够最大限度地维护公司合法运营状态,给公司提供平稳有序的内部环境;能够预防可能发生的侵害公司权益的行为,并对已经发生的侵害公司权益的行为进行有效制裁,使公司掌握主动权;能够促进公司人才的合理流动,保护公司的无形资产不因人才流动而流失;能够激励员工的生产积极性,建立和谐竞争的工作环境。由于中小企业的发展经营状况差异较大,在保护企业商标权益时,应按照自身情况构建合理的商标管理制度,在财力可能的范围内完善企业的商标管理。一方面,虽然中小企业的从业人员可能较少,但仍应尽可能设置专门的商标管理岗位,设立并完善针对本企业员工的商标知识培训制度,提高员工的商标权益保护意识,从企业自身出发做好商标的管理工作。另一方面,借助于商标服务机构也是保护企业商标权益的有效途径。专门从事商标服务的中介机构长期从事知识产权领域的研究与实务工作,积累了丰富经验,能够为中小企业提供从战略构想、制度设计、运行监控到人员培训、权利保护等的体系化服务,这对中小企业来说无疑是一条省时省力的捷径。

第七章　中小企业技术创新与著作权战略

第一节　企业著作权战略的相关介绍

一、企业著作权战略的概念与意义

企业著作权战略是企业以著作权法律制度为依托，以著作权充分保护为基本手段，谋求通过激励智力创作、著作权保护、运营、管理以获取市场竞争优势的总体性谋划。它是企业充分利用著作权制度的功能和特性，谋求最佳市场竞争地位的总体性谋划。企业著作权战略属于国家著作权战略的范畴。在当前，我国著作权战略的核心是以完善著作权法制为基础，以促进版权产业发展为重要目标，以繁荣我国科学文化事业发展为依归，大力发展文化创意产业，提高文化创新能力和版权产业在国民经济总产值中的比重。目前，我国一些经济文化发达的省市就十分重视提升版权产业的地位和推进著作权战略。

当然，相对于专利战略和商标战略，企业著作权战略的重要性似乎略逊一筹。不过，对于以著作权资产见长的企业来说，著作权战略就是值得高度重视的战略模式。例如，像微软这类以计算机软件著作权作为主要无形资产的公司，其知识产权战略的重点也体现为对盗版的打击。事实上，某些跨国公司在刚打进中国市场时实行的放任盗版，以挤占国内竞争对手市场，甚至击垮国内竞争对手，然后再以高价正版控制国内市场，这本身也是跨国公司在华实施的著作权战略形式。金山软件就是在这一战略的实施下受到重创的，加之采用捆绑销售、价格歧视等策略，这些公司在中国市场获取了巨额利润。对于主要经营文化产品的公司，如图书出版、音像、软件、传媒等，著作权战略也特别重要。

二、企业著作权战略的目标

战略目标是企业著作权战略的重要内容之一。企业著作权战略的目标是在激励企业作品创作的基础上，通过对著作权的充分保护、有效运营和科学管理，使著作权作为企业的无形资产发挥重要作用，为提高企业经济效益和市场竞争力服务。随着信息网络社会的发展和电子商务的开展，企业生产经营和研究开发的成果在很大程度上表现为受著作权法保护的作品，这些作品需要受到法律的严格保护，同时在可能的情况下尽量发挥其资产价值，为企业带来经济和社会效益。因此，企业著作权战略目标最重要的是使自身著作权获得法律的充分保护，防止盗版等侵权行为。对于以著作权资产作为企业最重要无形资产价值的企业来说，除了充分保护，在有效运营基础上获取著作权资产的最佳价值应当为最重要的目标。

第二节 企业著作权战略的实施

根据企业著作权战略的内容，其实施策略可以分为著作权创造战略、著作权运营战略、著作权保护战略和著作权管理战略的实施策略，以下将分别予以探讨。

一、企业著作权创造战略

企业著作权创造战略的实施，重点是培养企业著作权的创造意识，提高企业著作权资产的存量和质量。事实上，企业积极创造包括著作权在内的知识产权，既是企业整个知识产权战略的核心问题，也是企业生存和发展的大事。企业知识产权战略以市场机制为驱动手段，以提高企业创新能力，建设创新型企业为要旨。时任国家知识产权局局长田力普曾在"中法创新与价值创造研讨会"上指出：在当今世界，创新已成为各国企业关注的一个焦点问题。通过提升创新能力促进企业尤其是中小企业发展是一个世界性的课题。

企业能否有效地在创新的基础上获得并应用知识产权资产，实现从知识产权资产到市场价值和市场竞争优势的转变，成为企业能否成功的关键因素。就企业著作权战略而言，企业应将著作权看成是和有形资产一样具有重要价值的财产，形成强烈的著作权创造意识。

二、企业著作权运营战略

作为著作权动态部分的财产权，必须通过作品进入商品流通领域才能实现。前面关于企业知识产权运营战略的一般原理自然也适用于著作权运营战略。企业著作权运营包括自行独占性利用、著作权转让、许可、质押融资、证券化等形式。

在上述形式中，著作权的许可使用是在商品流通领域中利用作品的一种常见形式，也是智力产品的交换和流通在法律上的体现。各国著作权法都毫无例外地规定，可以通过许可使用的方式使用受著作权保护的作品。著作权许可使用是著作权权能中极重要的一种，也是著作权人将著作权变成现实权利的最有效途径。著作权的许可使用，可以分为专有许可与非专有许可两种类型。著作权的专有许可是指著作权人在一定的范围、时间内将使用作品的权利只授予一个被许可使用作品的人，被许可人则垄断使用该作品的权利。著作权的非专有许可又称非独占许可，是指著作权人在同一范畴、时间内可将使用作品的权利同时授予若干个被许可使用的人，被许可人取得的是非排他性的使用权，它们之间不得相互排斥对方取得的使用权利，也无权禁止著作权人行使其著作权。就企业拥有的著作权而言，可以根据市场和经营战略的需要，适当进行著作权许可。事实上，以著作权见长的企业，著作权许可证贸易非常普遍。

在涉及企业著作权许可使用管理问题时，需要高度重视著作权许可合同管理。《著作权法实施条例》第三十二条规定："同著作权人订立合同或者取得许可使用其作品，应当采取书面形式，但是报社、杂志社刊登作品除外。"第三十三条规定："除著作权法另有规定外，合同中未明确约定授予专有使用权的，使用者仅取得非专有使用权。"上述规定强调了一般情况下著作权许可使用合同应当采取书面形式。原因在于，著作权许可使用合同对著作权人利益关系重大，也影响第三人的利益，因此应当以书面的形式加以确

第七章 中小企业技术创新与著作权战略

认,以免发生纠纷时不能提供有效的证据。同时,为了充分保障著作权人的利益,规定除著作权法另有规定外,专有使用权的获得必须以合同明确约定为依据。

著作权转让则是将著作权作为商品流转的典型形式,也是著作权人实现其作品经济价值的重要方式,具体指著作权人在著作权有效期内将著作权中财产权利的全部或部分出让给他人的一种法律行为。通过转让,受让人成为部分或全部著作权主体,转让人则丧失了所转让的权利。我国《著作权法》第十条第三款规定:"著作权人可以全部或部分转让本条第一款第(五)项至第(十七)项规定的权利,并依照约定或者本法有关规定获得报酬。"据此,我国企业对其拥有的著作财产权,可以依法将其部分或全部转让,以获取生产经营需要的资金。当然,与其他形式的知识产权转让一样,企业著作权转让也有很强的战略性,企业需要根据其经营战略目标、特定著作权的市场状况、受让企业或其他单位或个人的情况决定是否转让其著作权。

著作权质押无疑也是企业利用其著作权的一种形式。与著作权一般意义上的利用的不同之处是,它具有担保的功能,是盘活无形资产、实现著作权这一无形资产价值保值增值的重要形式。在当前我国实施国家知识产权战略,大力推进知识产权运营和文化产业发展的背景下,提升企业著作权的融资质押功能,通过无形资产盘活有形资产,对于促进我国经济发展方式转型升级具有重要价值。

与上述著作权许可使用合同管理一样,在企业著作权转让和质押融资时,合同管理也是关键性问题。企业需要严格按照《著作权法》《著作权法实施条例》等的规定,签订相关的著作权合同,防止因合同疏漏而损害企业利益行为的发生。

企业著作权运营战略的实施重点在于针对不同作品的特点选择合适的利用形式,以使其发挥著作权资产的效能。根据日本学者的观点,知识产权运营战略可分为封闭式战略、开放式战略和流通战略。其中,封闭式战略是指企业自己利用知识产权生产和销售具有差异化的产品,实现对产品和技术的垄断;开放式战略是指以许可或转让等方式直接从知识产权中受益;流通战略则是指以投资信托、担保融资、资产证券化等形式以知识产权进行融资的运营战略。这些运营战略形式也完全适合作为知识产权一部分的著作权。由于著作权的客体在相当多的情况下也同时属于外观设计专利或注册商标的客体，企业著作权运营战略在很多情况下也需要与专利、商标战略嫁接，实行知识产权组合战略。在一般情况下，企业知识产权战略实施必须要将其与企业其他有形或无形资源组合才能发挥知识产权的独特作用。从企业知识产权组合战略的一般原理看，在不同类别的知识产权内部及其相互之间，实现知识产权组合战略也是知识产权战略的重要形式。在广义上，知识产权组合还可以涉及知识产权与其他资源和能力的组合与整合。企业著作权战略也适用这些原理。以外观设计专利保护为例，根据《专利法》第五十九条第二款规定，其保护范围限于"以表示在图片或者照片中的该产品的外观设计为准，简要说明可以用于解释图片或者照片所表示的该产品的外观设计"，单纯的外观设计本身则难以在专利法中获得充分保护，企业将其在先设计的外观设计本身进行作品著作权登记则有利于通过著作权保护途径加强对该外观设计的保护。

从实际情况看，我国企业著作权运营情况不够理想。当然，这其中也存在企业出于战略防御考虑而未进行著作权运营行为的情况。例如，一项针对四川省知识产权示范企业知识产权工作情况的调查表明，示范企业有著作权转让和许可情况的仅占11%，而未进行转让和许可的占89%。在未进行转让、许可的企业中，出于战略防御的占50%，缺乏这方面考虑的占25%。

三、企业著作权保护战略

企业著作权保护战略的实施，重点是形成保护自身著作权和尊重他人著作权的观念，同时采取有效保护措施保护自身的著作权。

（一）培育企业著作权保护意识

企业著作权意识的培育，主要是使企业确立保护自身的著作权和尊重他人著作权的观念，防止自身著作权被他人侵犯和侵害他人著作权现象的发生。一个企业可能没有专利申请或专利授权，但不可能没有著作权，因而企业著作权管理是任何企业都存在的。企业涉及的科技论文、工程设计、产品设计图纸及其说明以及计算机软件、数据库、网站界面设计等都是享有著作权的作品。企业没有公开的具有或不具有商业秘密属性的资料也可以获得著作权保护。企业应当珍惜自身的著作权，特别是那些以著作权产品作为营利

第七章　中小企业技术创新与著作权战略

工具的企业来说，保护企业著作权就是保护企业的生命。同时，企业在利用他人作品或作品题材进行创作时，应当注意防止侵犯他人作品的著作权。在近年来发生的很多著作权纠纷中，有些就是由于企业缺乏尊重他人著作权的意识而导致侵权的，如公司在进行产品外观设计时，直接从互联网上下载图片，结果导致侵权行为发生。为提高著作权意识，企业可以通过开展著作权方面的教育、邀请专家讲座、进行著作权保护方面的宣传等形式予以实现。

（二）建立和完善著作权保护制度

企业著作权方面的规章制度可主要围绕职务作品、法人作品、合作作品、委托作品等进行规范，旨在防止企业享有著作权的作品被他人侵占，或出现权属不明现象。企业可建立《著作权管理与保护办法》等规章制度，以规范本单位作品著作权的归属、利用、传播、保护、信息管理、惩奖等问题，使企业著作权管理步入规范化和法制化轨道。例如，企业在这类规章制度中可具体规范以下内容：①著作权管理与保护的宗旨，强调旨在提高本企业著作权意识，加强著作权管理和保护，提高企业著作权资产的利用和运营效率，服务于企业经营战略目标；②著作权管理与保护的对象，列举本企业享有著作权的作品的范围和条件；③各类作品著作权利益关系的调整，重点规范企业享有署名权以外的著作权以及单位作品著作权、合作作品和委托作品著作权问题；④著作权利用的方式和要领，强调本企业著作权利用的特色和要求；⑤企业著作权知识的宣传、教育和培训，规定本企业著作权知识普及的形式和落实措施；⑥著作权信息管理和档案管理，规定著作权信息管理和档案管理的内容、职责和方式；⑦著作权侵权的制裁与纠纷，规定对侵害本企业著作权的处理和制裁措施；⑧其他必要事项。

（三）对部分作品及时进行著作权登记

尽管著作权登记不是我国法律规定享有作品著作权的前提和条件，但其意义仍然是不可否认的。例如，很多企业对其设计的外观设计产品进行著作权登记，以防止他人抄袭其外观设计本身。著作权登记可以起到发生著作权纠纷时及时提出初步权属证明的作用，对一些容易发生权属纠纷的作品而言，著作权登记是有必要的。至于企业享有的计算机软件，对其进行著作权登记的意义就更大了。

我国一些企业比较重视著作权登记。例如，"法蓝瓷"是我国第一个被国际社会认可的瓷器品牌，其销售点遍布全球6000多个网点。法蓝瓷高度重视瓷器的著作权保护，其创办人陈立恒先生指出，法蓝瓷只有10%卖的是瓷器本身，因为"精品卖的就是人文价值"。该观点指明了企业产品蕴含的知识产权、品牌等价值内涵的重要性。以瓷器为例，它在我国著作权法意义上为实用艺术作品，不仅具有审美性、欣赏性，还具有实用性。为有效保护法蓝瓷的著作权，公司进行了持续的著作权登记，迄今已有数百件之多，例如，到2012年底，法蓝瓷在中国版权保护中心登记的作品有92个系列、468件作品，在江西省版权局登记的作品有125件。此外，为使其作品在国外市场也能受到版权保护，法蓝瓷在美国的版权登记机构也登记了184件作品。

（四）进行必要的市场调查，对发现的著作权侵权行为及时采取维权行动

保护著作权是企业著作权保护战略的实质内容和重要目的。对企业著作权的保护则在很大程度上体现为防止和制止著作权侵权行为。所谓著作权侵权行为，是指未经作者或其他著作权人的授权，也没有法律依据，擅自行使著作权人的专有权利的违法行为。我国《著作权法》对著作权侵权行为的表现做了明确列举。在企业著作权受到侵害时，可以依法追究侵权行为人的民事责任、行政责任乃至刑事责任。

当企业著作权受到侵害时，企业应及时收集著作权侵权的证据，并在必要时将证据以公证等形式加以固定，采取和解或诉讼等手段维护自身权益。为防患于未然，企业在日常的著作权管理中应注意及时保存创作作品的原始稿件、不同版本的电子版和相关的创作材料，建立著作权档案管理制度，一旦发生著作权纠纷时，这些原始档案资料就成为创作的最好证明。在企业内部涉及职务作品、法人作品著作权纠纷时，也便于及时解决，在选择诉讼途径时，企业应注意利用法律赋予的权限。例如，《著作权法》规定，著作权人或者与著作权有关的权利人有证据证明他人正在实施或者即将实施侵犯其权利的行为，如不及时制止将会使其合法权益受到难以弥补的损害的，可以在起诉前向人民法院申请采取责令停止有关行为和财产保全的措施。为制止侵权行为，在证据可能灭失或以后难以取得的情况下，著作权人或与著作权有关的权利人可以在起诉前向人民法院申请保全证据。这些规定明确了著作

权人可在诉前采取临时措施、财产保全和证据保全等措施,企业在进行著作权侵权诉讼时可以灵活采用。

关于企业著作权保护,还应重视网络环境下的著作权保护问题。在网络与电子商务环境下,企业在网络空间传播其作品,同时也需要利用网络空间的作品。为有力保护与管理网络空间的作品,企业应利用著作权法律制度规定的技术保护措施和权利管理信息保护制度。以技术保护措施而论,企业可以采取防火墙技术,对称加密、非对称加密等加密技术,数字签名、数字指纹或数字水印等技术手段,防止其作品被擅自获取和传播。权利管理信息则可以纳入数字著作权管理系统范畴,企业可以利用数字著作权管理技术,以确保其作品在网络环境进行正常交易、使用和传播。

(五)防范著作权侵权风险

防范侵犯他人著作权的风险与保护自身著作权一样重要。为此,企业首先需要有较强的著作权侵权风险防范意识,避免因为缺乏著作风险防范意识而侵犯他人著作权。其次企业应采取著作权风险防范措施。《知识产权管理与评估指南》5.2.3部分规定:企业在作品创作与开发前,实行必要的著作权检索;作品创作与开发过程中及完成后,进行必要的跟踪检索,对作品进行鉴定验收时应有著作权检索分析;企业投资建立中外合资、合作企业时,外方以著作权作投资的,企业应就所涉及的著作权进行著作权检索和分析。合作方应当对该作品的权利予以确认和做出合法性承诺。企业委托社会组织创作和开发作品,项目取得阶段性成果或完成后,承担者应向企业提供作品属于新作品的著作权检索报告。

(六)落实专人负责企业著作权的保护和管理

企业著作权保护与管理需要专人负责,在可能的情况下纳入企业知识产权管理部门的重要内容,这样才能做到及时有效地保护和管理其著作权。

第八章　中小企业技术创新与知识产权战略中法律的应用

第一节　专利权的法律应用

2008年12月27日，中华人民共和国第十一届全国人民代表大会常务委员会第六次会议通过了《中华人民共和国专利法》（以下简称《专利法》），并于2009年10月1日起施行。《专利法》是确认发明人（或其权利继承人）对其发明享有专有权，规定专利权的取得与消灭、专利权的实施与保护，以及其他专利权人的权利和义务的法律规范的总称。

一、专利权的侵权与保护

在前面章节中我们已经详细地阐述了专利权的含义、特征及主客体，这一节我们继续说明专利权的侵权与保护。专利权是知识产权的重要内容之一，法律在一定范围内对其进行保护，对侵权行为主体进行相应的法律处罚。

专利权的保护范围，即专利权的法律效力所及的发明创造的技术范围，是专利权所覆盖的发明创造的技术特征和技术幅度。因为发明创造是知识形态的劳动产品，故不能依据发明创造本身确定专利权的保护范围而且专利产品与申请保护的范围不一致，所以也不能依据专利产品本身来确定专利保护范围。一般来说，由于专利权客体是发明创造思想具体化的物或方法，其保护范围应以专利主管机关对于发明创造思想的范围所赋予的意思解释而定，即以权利要求书为具体解释标准。各国专利法一般都规定，发明和实用新型

第八章　中小企业技术创新与知识产权战略中法律的应用

受专利保护的技术范围以权利要求的内容为准，权利要求书是专利申请人请求专利局对其发明和实用新型的法律保护范围，是用技术特征的总和表示发明或实用新型的技术实质内容。权利要求书起着界定专利申请请求保护的范围以及专利保护范围的作用。在专利申请被授予专利权后，它是确认发明或实用新型专利保护范围的根据，也是判断他人是否侵犯专利权的工具。权利要求书中各个技术特征的总和构成了一个不可分割的整体，相应地限定了一个明确的保护范围。可以说，权利要求书集中体现了专利权的实质内涵。

权利要求书界定了专利权的侵权范围，专利法则明确规定了构成专利侵权的必要条件。我国《专利法》第十一条规定了专利权的效力，其第一款和第三款分别规定：

发明和实用新型专利权被授予后，除法律另有规定的以外，任何单位或个人未经专利权人许可，不得为生产经营目的制造、使用、销售其专利产品，或者使用其专利方法以及使用、销售依照该专利方法直接获得的产品。

专利权被授予后，除法律另有规定的以外，专利权人有权阻止他人未经专利权人许可，为上两款所述用途进口其专利产品或进口依照其专利方法直接获得的产品。

分析起来不难发现，上述条款规定了构成侵犯发明或实用新型专利权的五项条件：
（1）在专利权被授予以后；
（2）未经专利权人许可；
（3）为了生产经营目的；
（4）进行了制造、实用、销售或者进口行为；
（5）采用了"其专利产品、其专利方法"或者"依照其专利方法所直接获得的产品"。

以上五项条件都是构成侵犯专利权的必要条件，不满足其中任何一项都不足以构成专利侵权行为。

中小企业的专利权被侵犯后，要在有效时间内通过法律手段对其进行保护。

二、专利权侵权救济

中小企业的专利权被侵犯后,可采用以下途径进行专利侵权救济,尽可能地挽回损失。

(1) 侵权诉讼。司法是权利救济的最后一道途径,这也是司法权终极性的要求。司法救济有其独特的价值取向和运作方式,司法权的目的之一是保障权利,对权利制约,调整和分配人们之间的权利义务。当权利受到侵犯时,受害人要倚仗司法的可诉性来维护其合法权益,而司法救济以其公正的价值目标来调整社会关系。当然,当专利权受到侵犯时,也可诉请司法救济。从国际上看,目前司法保护是对专利权最有力的保护方式,这是由司法的本质所决定的。

(2) 行政处理。行政处理是指行政管理机关利用行政手段来处理侵权纠纷。在我国的专利权侵权纠纷处理中,法律赋予了行政机关对专利权侵权民事调解处理的权力,这样就形成了行政和司法的双重保护。《中华人民共和国专利法》第五十七条规定,"未经专利权人许可,实施其专利,即侵犯其专利权,引起纠纷的,由当事人协商解决;不愿协商或者协商不成的,专利权人或者利害关系人可以向人民法院起诉,也可以请求管理专利工作的部门处理。管理专利工作的部门处理时,认定侵权行为成立的,可以责令侵权人立即停止侵权行为,当事人不服的,可以自收到处理通知之日起十五日内依照《中华人民共和国行政诉讼法》向人民法院起诉;侵权人期满不起诉又不停止侵权行为的,管理专利工作的部门可以申请人民法院强制执行。进行处理的管理专利工作的部门应当事人的请求,可以就侵犯专利权的赔偿数额进行调解;调解不成的,当事人可以依照《中华人民共和国民事诉讼法》向人民法院起诉"。由于行政管理系统深入生活的各个方面,因此,它能对专利权提供广泛的保护。行政处理可以节约更加有限的司法资源,当然,行政处理不是司法救济的前置程序,也不能代替司法程序。当事人如果对行政处理不服,当然可以再启动司法程序。

(3) 协商或和解。此处的和解并不是指在司法诉讼中的当事人和解,而是纠纷主体在没启动司法程序或行政程序时的自行和解。据统计,在美国的专利侵权纠纷中,70%以上都是通过纠纷主体协商或和解而化解的。和解具有司法救济和行政救济所不具备的优点。首先，和解可以节省有限的司法资源和行政资源，给双方自主处分的权利，通过协商达到双方都满意的结果。《中华人民共和国专利法》第五十七条规定，"未经专利权人许可，实施其专利，即侵犯其专利权，引起纠纷的，由当事人协商解决……"可见在专利法中也提倡双方先进行协商和解。即使双方达不成协议，也可以再诉诸司法和行政机关。其次，和解有利于专利权的技术公开。一旦双方达成了协议，侵权方通过对价取得专利权或专利使用权，可以使专利技术被更多人利用，为受让方创造更大的价值，也使转让方实现了专利权交换价值。

除此之外，还有一些专利权侵权救济途径，如申请仲裁裁决。但申请仲裁裁决必须要有仲裁协议的有效存在，在大多数的专利侵权纠纷中，纠纷主体间很少甚至不存在仲裁协议，如假冒他人专利的情形，侵权方不可能在侵权时已经同受害方签有仲裁协议。其他专利权纠纷，如专利权许可合同纠纷和专利权转让合同纠纷则可按照违约的救济途径解决。在英美法系国家，还有一种专利侵权救济途径，也就是法院诉前禁令，即受害人在诉讼前请求法院发出禁令，制止侵权人的侵权行为，以防止受害人更大的事后难以追回的损失。法院诉前禁令同我国民事诉讼法上规定的诉前财产保全类似，但财产保全又不同于英美法系的法院诉前禁令，财产保全是为了防止债务人不能履行判决而对财产的临时冻结，法院诉前禁令则是为了防止侵权人的侵权行为给权利人造成难以弥补的损失而对侵权人的侵权行为予以制止的救济程序。法院诉前禁令对于专利权的保护是十分必要的，尤其是当侵权人因侵权获得的利益以及其自身的资产事后确定不能赔偿权利人的损失的场合，法院诉前禁令就显得尤为重要。我国也建立了类似法院诉前禁令的相关制度，即最高人民法院《关于对诉前停止侵犯专利权行为适用法律问题的若干规定》。笔者认为，行政机关既然有权处理专利权侵权纠纷，赋予行政机关处理前发出禁令的权力会使案件处理更加有效率。

案例

2008年9月12日，迪克森公司提出申请专利号为ZL200810212031.8，名为"一种开合式电流互感器"的发明专利，因此该公司获得这项专利的授权。2011年6月24日，迪克森公司发现乐清市某公司未经许可，以生产经营为目的，擅自制造、使用销售、许诺销售 DP 系列互感器。2011 年 7 月 25 日，迪克森公司诉至一审法院请求判令乐清市某公司停止侵权，赔偿侵权损失。最终，法院判决原告迪克森公司胜诉，被告乐清市某公司赔偿经济损失 13 万元。

三、闲置专利权的使用

中小企业如果自己拥有某项发明创造的专利权，但暂时无条件或出于其他原因未能将专利转化为产品，可以采取以下措施使专利产生经济效益。

（1）转让专利权。有的专利权人自己不打算实施，或者无实施条件，或者不愿为实施操心，那么干脆将专利权转让给他人，自己一次性取得收益了事。一些高等院校、科研机构作为专利权人时往往乐意采取这种方式盘活其闲置的专利技术。当然，所转让的专利技术必须有市场前景，否则无人愿意受让。拍卖可以作为专利权转让的一种特殊形式。通过拍卖，可以避免转让价格被压得过低的现象。破产企业的专利权转让，一般采取拍卖的方式。

（2）许可他人实施。有时候，专利权人自己无法实施或自己暂时不愿实施，但又不希望失去对专利权的控制。这种情况下，盘活闲置专利技术的上策当数许可他人实施。专利权人通过收取许可使用费，收回部分投资并维持专利权继续有效。许可实施的特殊情形之一是交叉许可，即两个专利权人之间通过协议各自允许对方实施自己的专利技术。许可实施的另一种特殊情形是专利权人提供专利技术委托他人生产产品并由专利权人收购的行为。

（3）以专利技术作为出资入股。根据我国《公司法》等有关企业方面的法律规定，开办公司或其他类型的企业，出资者可以其专利技术作价出资。因此，将虽有市场前景但却被闲置的专利技术作为出资成立新的企业，是专利权人盘活其闲置专利技术的又一途径。

质押贷款专利技术的闲置，有不少是由于缺乏实施资金，因而应努力发挥专利技术本身的资产属性来筹措资金。根据我国《担保法》的规定，专利权人可以专利权出质，向银行申请贷款。近年来，我国已办理了数十起以专利权质押向银行申请贷款的业务，如江西绿色集团公司以茶色素专利进行质押，每年获银行贷款 4000 万元，为专利技术顺利实现产业化提供了资金保障。

第二节 商标权的保护

商标权的保护范围不是商标权人行使商标专用权的范围,而是指商标权受法律保护的有效范围。根据我国《商标法》的规定,商标局核准注册的商标为注册商标,商标注册人享有专用权,受法律保护。

一、商标权保护的法律范围

商标权受法律保护的有效范围包括以下两方面:

(1) 商标注册人自己有完全的使用权,他人无权加以干涉和利用。这里的使用权即商标专用权,它以核准注册的商标和核定使用的商品为限,商标注册人使用自己的商标不能扩展到超出核准范围的近似商标上,使用的商品则不能扩展到其他类似的商品上。

(2) 商标注册人享有"禁止权",有权排除第三者使用其注册商标。与专有使用权不同,商标禁止权的效力范围可以扩展到"类似商品"和"近似商标"上,即在相同或类似商品上使用与注册商标相同或近似的商标都在禁止权效力范围内,而不限于商标专用权范围——在相同商品上使用与注册商标相同的商标。禁止权之所以可以超出注册事项发生效力,是因为商标权作为一种无形财产权,其价值是通过注册商标的识别作用体现的。这种识别作用的发挥,又以消费者能否辨认为转移。鉴于类似商品和近似商标的使用会造成对注册商标的仿冒和影射,导致消费者的误认和混淆,有必要把商标权保护拓展至商标人使用权范围之外。

我国《商标法》第五十二条规定,有下列行为之一的,均属侵犯注册商标专用权:

(1) 未经商标注册人的许可,在同一种商品或类似商品上使用与其注册商标相同或者近似的商标的;

(2) 销售侵犯注册商标专用权的商品的;

(3) 伪造、擅自制造他人注册商标标识或销售伪造、擅自制造的注册商标标识的;

（4）未经商标注册人同意，更换其注册商标并将该更换商标的商品又投入市场的；

（5）给他人的注册商标专用权造成其他损害的。

二、中小企业商标权的保护途径

（一）利用《商标法》《著作权法》以及《专利法》全方位保护企业商标权

一种商品之所以能为公众所接受，一是因为在该种商品形成的过程中，其独特性的配方、选料、加工工艺或生产流程等使其具有了某些区别于其他同类商品的独特的内在品质，这些因其技术形成的商品特质，可申请发明专利，形成专利法上的专利权；二是对指示商品特质的外在标识的广泛认知。商品的外在标识一般包括商品的专有标识、商品的特有名称、商品的特有包装装潢等，对商品的专有标识可以注册商标，形成商标法上的商标权，对于商品的特有包装装潢则可申请外观设计专利，形成外观设计专利权。《商标法》保护的图形、三维标志或颜色组合，一般涉及有著作权法保护的美术、摄影作品等。企业可以充分利用商标权所具有的排他性特点，及时把自己的具有鲜明特点的美术作品注册，从而给予自己的合法权利以交叉保护，防止他人未经许可拿来权利人的美术作品、摄影作品、文字作品、图形作品等与自己的作品相结合或稍加改动，去申请外观设计专利或商标等现象的发生。一般情形下，除驰名商标外，企业可以在不相同或不相类似的商品上使用相同或近似的商标，所以在化妆品上注册的商标，如"海霞"，并不能阻止别人在其他类别的商品上使用，从而为别人的法律规避提供了可能。但是，如果使用有版权或外观设计专利权的标识为商标，情况就不一样了，因为你虽然不能根据商标法来阻止别人在其他类别商品上使用同一标识，但是可以根据版权或外观设计专利权来阻止别人使用该标识，同时，这样也不会给别人以商标抢注、商标淡化——包括暗化、退化和丑化商标的机会，因为别人在其商品上任何形式的利用，都可能侵犯你的版权或外观设计专利权。我国《商标法》第九条第一款、《专利法》第二十三条都明确规定了授予商标权和外观设计专利权时，不得与他人在先取得的合法权利相冲突。

（二）充分利用我国行政保护与司法保护的"双轨制"保护商标权

我国商标法对此规定的是行政保护与司法保护并行的"双轨制"保护方

第八章　中小企业技术创新与知识产权战略中法律的应用

式。企业通过对自身和他人的商标使用行为进行监控，对正在发生的商标侵权，要根据情况采取不同的法律保护措施。对一般的商标侵权，如果情况很紧急，可以通过工商行政管理机关实行行政保护，其特点是及时、效率高，可以对当事人采取一定的强制措施，但行政保护不能就民事损害赔偿做出决定，只能调解。如果案件比较复杂，涉及的金额比较大，受害者就可以通过法院民事诉讼程序解决，其特点是程序性强，主要就侵权民事损害赔偿做出判决。在诉讼开始后，商标权人可以依据《商标法》申请诉讼保全和证据保全等措施。如果是商标假冒，就涉及是否涉嫌犯罪的问题。商标权人在不确定的情况下，可以先通过工商行政管理机关进行处理，如果涉嫌犯罪，由工商行政管理机关移送公安机关处理或联合执法然后移送公安机关处理。如果比较确定涉嫌犯罪，对情况比较复杂，情节比较严重的，可以向公安机关报案，通过公安机关侦查，利用法律手段，能够对付各种复杂和困难的情况；如果情况比较简单，情节显著轻微，可向法院自诉解决，由法院直接受理。

案例

东华纺织集团有限公司（以下简称东华公司）经国家工商行政管理总局商标局核准于2009年7月14日取得"乐活LOHAS"注册商标，核定使用于"糕点；方便米饭；麦片；冰淇淋"等商品类别，目前尚未实际使用。

2009年6月23日，苏州鼎盛食品有限公司（以下简称鼎盛公司）与浙江健利包装有限公司签订订购合同，约定由浙江健利包装有限公司为鼎盛公司制作涉案标识的礼盒等包装产品。2009年9月，鼎盛公司将其当年度所生产的月饼划分为"秋爽""美满"以及涉案的"乐活"等总计23个类别投放市场，主要通过鼎盛公司的直营店、加盟店等方式进行销售。

2009年9月8日，江苏省苏州工商行政管理局（以下简称苏州工商局）接到举报，对鼎盛公司展开调查。查明其在当年生产销售的一款月饼使用"乐活LOHAS"商标，遂认定鼎盛公司的行为属于侵犯注册商标专用权的行为，对其做出责令停止侵权行为并罚款人民币50万元的行政处罚决定。该具体行政行为做出后，鼎盛公司不服，向苏州市人民政府申请行政复议，苏州市人民政府维持苏州工商局做出的工商处罚决定。鼎盛公司对此仍不服，向江苏省苏州市中级人民法院起诉。江苏省苏州市中级人民法院经过审理，维持了苏州工商局的处罚决定。鼎盛公司不服，向江苏省高级人民法院上诉，主张鼎盛公司在月饼系列商品上使用"乐活 LOHAS"是将其作为商品款式名称使用，且"乐活 LOHAS"注册商标来源于社会流行词语，其显著性较弱，他人有合理使用的权利，故请求依法改判，撤销行政处罚决定。江苏省高级人民法院认为，鼎盛公司与东华公司涉案商标构成近似，其行为侵害了东华公司注册商标专用权，工商行政机关有权依法对鼎盛公司实施行政处罚，但应遵循过罚相当原则。当责令停止侵权行为，即足以达到保护注册商标专用权以及保障消费者和相关公众利益的行政执法目的时，是否选择并处罚款，应当综合考虑处罚相对人的主观过错程度，违法行为的情节、性质、后果及危害程度等因素行使自由裁量权。

第三节 《反不正当竞争法》

知识产权法通过保护权利人的合法权益、鼓励技术创新来达到促进社会进步的目的，而反不正当竞争法则通过维护正当竞争秩序、制止非法竞争行为来达到相同的目的。因此，在知识经济时代，必须协调两者在知识产权保护问题上的关系，充分发挥反不正当竞争法对知识产权的兜底保护作用。

知识产权法和反不正当竞争法从表面看来似乎是相互冲突的法律规范，前者旨在维持知识产权人的一种垄断地位，而后者则意在限制或破除垄断。其实两者有着共同的立法目的，即保护权利人权利，促进社会进步。所不同的是，知识产权法是通过保护权利人合法权益、鼓励技术创新来实现这一目标的；而反不正当竞争法则是通过维护正当竞争秩序、制止非法竞争行为来实现该目标的。所以，我们应当处理好知识产权这种独占性权利与反不正当竞争之间的关系，或者说应协调知识产权法与反不正当竞争法的关系，以确定知识产权保护在反不正当竞争法体系中的地位。可以预见，在知识经济条件下，围绕知识产品的占有和使用的竞争将会越来越激烈，相应的不正当竞争活动也会越来越猖獗，因此，强化反不正当竞争法对知识产权的兜底保护已是当务之急。

第八章 中小企业技术创新与知识产权战略中法律的应用

一、《反不正当竞争法》的主要内容

市场竞争的参与者在市场交易行为中必须遵循和遵守市场竞争的基本原则。《反不正当竞争法》第二条第一款规定:"经营者在市场交易中,应当遵循自愿、平等、公平、诚实信用的原则,遵守公认的商业道德。"当经营者违背了这些原则的时候,势必会产生不正当的竞争行为。不正当竞争行为指违反《反不正当竞争法》和其他有关法律的规定,损害其他经营者的合法权益,扰乱社会主义市场经济秩序的行为。

《中华人民共和国反不正当竞争法》第二章详细规定了不正当竞争行为的内容。法律规定的 11 种不正当竞争行为大致可分为三类:第一类是市场一般不正当竞争行为,即违背诚实信用和公平正当原则,妨碍公平竞争的行为。这主要是《反不正当竞争法》第五条规定的假冒或仿冒,混淆商品等虚假表示行为;第八条规定的商业贿赂行为;第九条规定的引人误解的虚假宣传行为;第十条规定的侵犯商业秘密行为;第十三条规定的不正当有奖销售行为;第十四条规定的损害他人商业信誉或商品声誉行为。第二类为限制竞争行为,这是指经营者滥用经济优势或几个经济者通过联合方式损害竞争对手利益的不正当竞争行为。主要是《反不正当竞争法》第六条规定的公用企业独占经营行为;第十一条规定的压价倾销排挤竞争对手行为;第十二条规定的搭售和附加不合理交易条件行为;第十五条规定的串通投标行为。以上这些限制竞争的行为,违反法律规定,违背自愿交易原则,带有强制交易性。第三类是垄断行为,即市场经济中的部门垄断和地区封锁行为,是《反不正当竞争法》第六条规定的独占经济排挤行为和第七条规定的滥用行政权力封锁、垄断行为。说到底,这种行政滥权行为也是一种限制竞争行为,它与经营者的限制竞争不同点在于它滥用行政权力,属政府行为,而不是普通经营者行为。

这三类不正当竞争行为中第一类是常见的、传统的、一般的不正当竞争行为,而第二类、第三类为特殊的不正当竞争行为。垄断行为应该由《反垄断法》来加以规范。

《反不正当竞争法》的宗旨在于保护社会主义市场经济健康发展,鼓励和保护公平竞争,制止不正当竞争行为,保护经营者和消费者的合法权益。

二、《反不正当竞争法》在知识产权侵权行为中的应用

《反不正当竞争法》附属规范的侵犯知识产权型犯罪，指行为人采用不正当竞争手法，侵犯他人注册商标和专利合法权益，情节严重的行为。按照我国《刑法》《专利法》以及《反不正当竞争法》的规定，侵犯知识产权型的犯罪主要有：假冒商标罪、制售注册商标标识罪和假冒专利罪。

（一）假冒注册商标罪

《中华人民共和国商标法》第三条规定："经商标局核准注册的商标为注册商标，商标注册人享有商标专用权，受法律保护。"

我国《刑法》第一百二十七条和全国人民代表大会常务委员会1993年2月22日通过的《关于惩治假冒注册商标犯罪的补充规定》中，对"违反商标管理法规，工商企业假冒其他企业已经注册商标的"，"未经注册商标所有人许可，在同一种商品上使用与其注册商标相同的商标"，"销售明知是假冒注册商标的商品"的行为，按假冒注册商标罪追究直接责任人员的刑事责任。

《刑法》第一百二十七条规定，犯假冒商标罪的，处三年以下有期徒刑、拘役或罚金。依照《惩治假冒注册商标犯罪的补充规定》，犯本罪的处三年以下有期徒刑或者拘役，可以并处或单处罚金；违法所得数额巨大的，处三年以上七年以下有期徒刑，并处罚金。企事业单位犯本罪的，对单位判处罚金，并对直接负责的主管人员和其他直接责任人员，依照上述规定追究刑事责任。

（二）制售注册商标标识罪

根据《商标法》第七条的规定：商标标识是指"商标使用的文字、图形或者其组合，应当有显著特征，便于识别"的商品标记。法律规定，"任何人不得非法印制或者买卖商标标识"。所谓制售商标标识罪，是指市场经济活动中，经营者违反商标管理法规，故意侵犯他人注册商标专用权，伪造、擅自制造他人注册商标标识，或者销售伪造、擅自制造的注册商标标识，违法所得数额较大或者具有其他严重情节的行为。

依照《反不正当竞争法》和《补充规定》等法律的规定，对制售注册商标标识的犯罪行为的处罚是两个层次。第一个层次是行政处罚：责令停止

违法行为,没收违法所得,处以违法所得一倍以上三倍以下罚款,吊销营业执照。第二个层次是刑事处罚:对制售注册商标标识,违法所得数额较大或者具有其他严重情节,处三年以下有期徒刑或者拘役,可以并处或者单处罚金(但不能与行政处罚罚款重复),违法所得数额巨大的,处三年以上七年以下有期徒刑,并处罚金。企事业单位犯上述罪行的,对单位判处罚金,并对直接负责的主管人员和其他直接责任人员,依照法律追究刑事责任。

(三)假冒专利罪

假冒专利罪,在我国刑法中并未规定。1984年3月12日《专利法》公布,其中第六十三条规定,"假冒他人专利的,依照本法第六十条的规定处理,情节严重的,对直接责任人员比照刑法第一百二十七条的规定追究刑事责任"。

专利权受法律保护,任何人或单位不得侵犯他人的专利权。假冒专利罪是一种严重的侵犯专利权人专利权的行为。它是指行为人违反我国专利法律、法规,故意侵犯他人专利权,造成专利人重大损失的行为。

假冒专利罪的犯罪构成主要有以下四个方面:

(1)犯罪主体是生产经营者(单位或个人),这是一般主体。

(2)犯罪主观方面是直接故意,假冒他人专利权的目的是为牟取非法利益。

(3)犯罪客体,侵犯的是社会主义市场经济秩序和国家专利管理制度。

(4)犯罪客观方是有侵犯他人专利权的行为,并造成专利权人的经济、名誉损失。具体表现为:①未经专利权人许可,擅自为生产经营目的制造、使用、销售其发明和实用新型的专利产品,或者使用其专利方法以及使用、销售依照该专利方法直接获得产品。②未经专利权人许可,擅自为生产经营目的制造、销售其外观设计专利产品。

《反不正当竞争法》禁止的假冒他人专利的不正当竞争行为具体有以下四种:

(1)擅自使用享有专利权的知名商品持有的名称、包装、装潢;

(2)在商品上伪造或者冒用享有专利权的认证标志、名优标志等质量标志;

(3)使用与享有专利权的知名商品近似的名称、包装、装潢;

(4) 以盗窃、利诱、胁迫或其他不正当手段获取专利权人的商业秘密，并且披露、使用或者允许他人使用这些享有专利权的商业秘密。

关于假冒他人专利罪的认定，最高人民法院的司法解释为情节严重的才构成犯罪。何谓情节严重，目前司法解释没有明确，也没有典型的假冒他人专利罪的判例。因此，在市场经济中，假冒专利，侵犯专利权人的权益行为一般是按照《专利法》和《民法通则》的原则处理的。随着科学技术、发明创造的发展，专利法的深入贯彻，此罪将会由人大常委会按照立法程序规定罪名、罪状和刑罚。

案例一：假冒注册商标罪

2011年5月至9月，卞虹林和李峰在租借来的浦东三林镇新春村的私房里，招募了9名外地工人，从事包装假冒"中华""红双喜""牡丹"和"大红鹰"等知名品牌香烟。同年9月22日，接到举报的烟草专卖局和公安机关查获卞、李二人的制假窝点，经测算，他们所制造的假冒名烟的总价值已达4962942元。在造假时能给卞、李二人带来巨大利润的知名注册商标，在法庭上就成了为他们罪行定性的依据。

浦东新区法院最后判决，卞、李二人因犯假冒注册商标罪，分别判处有期徒刑7年和5年，并处罚金40万元和10万元。

案例二：制售注册商标标识罪

2007年11月，宗连贵、黄立安共同出资成立郑州鼎鼎油脂有限公司（以下简称"鼎鼎油脂公司"），2008年8~9月至2011年9月4日，雇用多名工人在其公司内生产假冒"金龙鱼""鲁花"注册商标的食用油并销售，同时将购进的非法制造的"金龙鱼""鲁花"注册商标标识对外销售。

法院审理查明，宗连贵、黄立安等人自2009年11月至2011年9月通过销售假冒名牌食用油，获取的非法经营数额达1924.9万余元。其中，已销售数额1921.3万余元，尚未销售的假冒食用油价值36640元。2013年4月9日，郑州中院一审宣判，法院认为，宗连贵、黄立安等人的行为已构成假冒注册商标罪，且系主犯。

宗连贵、黄立安等人销售伪造的注册商标标志，情节特别严重，其行为已构成销售非法制造的注册商标标志罪。法院数罪并罚，判处宗连贵有期徒刑12年6个月，并处罚金1050万元；判处黄立安有期徒刑11年6个月，并处罚金1050万元。其余26人因犯假冒注册商标罪、销售非法制造的注册商标标志罪、销售假冒注册商标的商品罪，分别被判拘役至有期徒刑8年不等。

第四节 《反垄断法》

2007年我国通过了《中华人民共和国反垄断法》（以下简称《反垄断法》），该法共有8章57条，内容包括总则、垄断协议、滥用市场支配地位、经营者集中、滥用行政权力排除或限制竞争、对涉嫌垄断行为的调查、法律责任、附则等。由于《反垄断法》条文本身的原则性、抽象性和反垄断法特有的不确定性，我国《反垄断法》的实施还需要一系列配套法规、规章、指南等对与反垄断有关的重要事项做出具体规定。

背景资料

由于我国处于经济转型时期，加上《反垄断法》的制定涉及多种利益博弈，因此，我国《反垄断法》的制定从1994年被列入第八届全国人大常委会立法规划到出台，经历了漫长的13年，具体的立法过程是：1994年，《反垄断法》被列入第八届全国人大常委会立法规划；1998年，《反垄断法》被列入第九届全国人大常委会立法规划；2003年，《反垄断法》被列入第十届全国人大常委会立法规划；2004年，国务院将《反垄断法》列入立法规划；2005年，《反垄断法》被全国人大常委会列入2005年立法计划；2006年国务院常务会议讨论并原则通过《中华人民共和国反垄断法（草案）》，国务院常务会议决定，经进一步修改后，由国务院提请全国人大常委会审议；2006年6月，第十届全国人大常委会第二十二次会议第一次审议《反垄断法（草案）》；2007年6月，第十届全国人大常委会第二十八次会议第二次审议《反垄断法（草案）》；2007年8月，第十届全国人大常委会第二十九次会议第三次审议《反垄断法（草案）》；2007年8月30日，第十届全国人大常委会第二十九次会议通过《中华人民共和国反垄断法》，自2008年8月1日起施行。

《反垄断法》不反对知识产权的权利人依照知识产权法获得和行使知识产权。但是，法律在保护知识产权的同时，还必须防止和制止滥用知识产权排除、限制竞争的行为，以维护竞争和保护消费者利益。实际上，许多国家（地区）的反垄断法都将禁止滥用知识产权排除、限制竞争行为纳入其调整范围中。

一、滥用知识产权排除、限制竞争行为的界定

滥用知识产权排除、限制竞争行为是指在行使知识产权过程中滥用知识产权，不正当地限制竞争，应受反垄断法规制的行为。"滥用知识产权"是对超越授权范围以及不正当使用知识产权行为的一个统称，是民法"权利滥用"的延伸。禁止权利滥用原则是民法的基本原则之一，指的是一切民事权利行使均有正当界限，行使权利超过了这个界限便构成权利滥用，应当承担侵权责任。在借鉴其他国家（地区）反垄断法立法和执法、司法经验的基础上，我国将滥用知识产权排除、限制竞争行为纳入了反垄断法的适用范围。我国《反垄断法》第五十五条规定："经营者依照有关知识产权的法律、行政法规规定行使知识产权的行为，不适用本法。但是，经营者滥用知识产权，排除、限制竞争的行为，适用本法。"

二、反垄断法与知识产权法的关系

知识产权法和反垄断法有着相同的目标，即推动竞争和鼓励创新，但它们推动竞争和鼓励创新的方式有所不同。反垄断法是通过反对限制竞争行为来推动竞争，因为限制竞争行为会损害现实或潜在的竞争；知识产权法则是通过保护权利人的专有权，即通过某种限制竞争的方式，激励人们在知识经济领域的创新活动。正因如此，知识产权与一般财产权一样，具有限制竞争的可能，从而不可避免地受到反垄断法的制约。尽管权利人因其在发明创造中付出了劳动，他们有权通过其发明创造在竞争中取得优势地位，甚至垄断地位，但同时因为市场经济的本质是竞争，为了维护竞争，反垄断法不允许

第八章 中小企业技术创新与知识产权战略中法律的应用

知识产权所有人因其合法的垄断地位而严重地妨碍、限制或者扭曲市场竞争。知识产权人与其他市场主体一样，既不会享有免予反垄断法规制的特别待遇，也不会受到特别的审查，而是与其他权利人平等地适用反垄断法制定的标准和法律原则。

总之，知识产权的拥有并不会引起反垄断法和知识产权法的冲突，经营者对知识产权的正当行使也不会引发反垄断法和知识产权法的冲突，甚至经营者对知识产权的滥用都不一定会引起反垄断法与知识产权法的冲突，只有经营者滥用知识产权的行为排除或限制了竞争时才会造成反垄断法与知识产权法的冲突。经营者滥用知识产权是排除或限制竞争的行为，是反垄断法与知识产权法的连接点，而反垄断法也成为对知识产权滥用行为进行规制的最重要的手段之一。

三、滥用知识产权排除、限制竞争行为的具体表现

我国《反垄断法》并没有对何为知识产权的正当行使行为，何为滥用知识产权排除、限制竞争行为做出具体的规定。事实上，我国《反垄断法》也很难解决反垄断法实施中规制滥用知识产权行为面临的所有问题，因此，这需要反垄断法执法机构根据不同时期的具体情况制定专门的指南和规章对此做出较为详尽的规定。

（一）滥用知识产权的垄断协议行为

知识产权许可等协议中的限制性条款有可能构成垄断协议行为。面对知识产权许可等协议中的限制性条款，如限定技术使用范围，限定使用技术生产产品的原材料或供应商，禁止对知识产权有效性提出异议、交叉许可、回授等，反垄断执法机构需要根据《反垄断法》和相关配套规章、指南，分析认定这些条款对相关市场竞争的影响。

1. 滥用知识产权的横向垄断协议行为

具有竞争关系的经营者之间达成的与知识产权有关的横向垄断协议行为，反垄断执法机构应当根据我国《反垄断法》第十三条的规定予以禁止。这些行为主要有：①固定或者变更商品的价格，如相互竞争的专利权人通过协议固定专利权许可费或者使用该专利技术的商品价格。②限制商品的生产数量或者销售数量，如在知识产权许可协议中限制被许可人或者许可人使用

该知识产权生产商品的数量。③分割销售市场或者原材料采购市场,如相互竞争的知识产权权利人通过知识产权交叉许可协议划分各自的销售市场。④限制购买新技术、新设备或者限制开发新技术、新产品,如在知识产权许可协议中禁止被许可人开发或者使用具有替代关系的新技术、新产品。⑤联合抵制交易,如相关市场中拥有知识产权的若干经营者联合拒绝将知识产权许可给特定交易相对人,或者联合拒绝将使用知识产权生产的商品出售给特定交易相对人。⑥反垄断执法机构认定的涉及知识产权的其他垄断协议。

2. 滥用知识产权的纵向垄断协议行为

对于经营者与交易相对人之间达成的与知识产权有关的纵向垄断协议行为,反垄断执法机构应当根据我国《反垄断法》第十四条予以禁止。这些行为主要有:①固定向第三人转售商品的价格,如专利权人在销售其专利商品时要求购买人以规定的价格向第三人转售该商品的价格。②限定向第三人转售商品的最低价格,如专利权人在销售其专利商品时限定购买人向第三人转售该商品的最低价格。③反垄断执法机构认定的涉及知识产权的其他垄断协议,如在某案中,专利权人出售产品时附随一份声明,称该产品"由我们许可,以不低于 1 美元的价格销售并且使用。任何违反本条件的销售或者违反本条件销售后的使用将构成侵犯专利权"。美国最高法院判决该许可不能强制执行。法院认为,虽然国会的确在制定专利法律时有保障独占性销售权利的意图……但是国会没有授予专利权人通过限制产品销售价格的声明来保持价格坚挺以及阻止竞争的特权。

3. 滥用知识产权的垄断协议行为中的安全区

美国和欧盟的反垄断法在规制知识产权许可等协议时,都建立了"安全区"制度,来将一定条件下的知识产权许可等协议予以直接豁免。这是因为知识产权许可等协议具有鼓励创新的积极作用,对其限制过于严格可能降低市场活力。美国 1995 年《知识产权许可的反托拉斯指南》中就规定,一般情况下,如果许可协议中的限制性条款在表面上不是反竞争的,而且相关市场上许可人与被许可人的共同市场份额不超过 20%,则不会受到反垄断执法机构的调查,但这项"安全区"制度并不适用于知识产权转移的合并分析。欧盟 2004 年《技术转移协议整体豁免条例》(Technology Transfer Block Exemption)也规定,协议方是现实的或潜在的竞争者时,协议被视为水平协议；当协议方是非竞争者时，协议被视为垂直协议。在相关产品和技术市场上，当水平协议方的市场份额总和不超过20%，垂直协议中各方市场份额不超过30%时，对于技术许可协议可直接予以豁免。因此，在我国，如果经营者能够证明所达成的知识产权协议符合《反垄断法》规定的，反垄断执法机构将不予以禁止。如果经营者存在一些具体情形可以使知识产权协议被视为对相关市场竞争的影响微小，反垄断法也会对其进行豁免。

（二）知识产权行使中的滥用市场支配地位行为

各国反垄断执法机构在执法过程中，均认为不能因为经营者拥有知识产权就推定其在相关市场上具有市场支配地位。拥有知识产权既不应使经营者承担特殊的义务，也不应成为经营者滥用市场支配地位的理由。经营者是否具有市场支配地位应依照反垄断法的规定来进行认定、推定，而在认定经营者是否具有市场支配地位时通常也要考虑知识产权的因素，特别是在那些对知识产权依赖程度高的产业。一般认为，知识产权保护所产生的排他性是一个加强市场支配地位的进入障碍。在认定市场支配地位的过程中，界定相关市场也会起到非常关键的作用。因为对于知识产权所有人来说，如果将产品市场界定得非常窄，以致形成一个单一的产品市场，就会存在认定为具有市场支配地位的危险；而如果将相关市场缩至为一项知识产权所覆盖的一种产品时，该知识产权排除替代品的事实本身就必然导致该企业具有市场支配地位的认定。

知识产权行使中的滥用市场支配地位行为主要表现为：

（1）不合理的拒绝许可知识产权行为。不合理的拒绝许可知识产权行为是指知识产权人利用自己对知识产权所拥有的专有权，拒绝授予其竞争对手合理的使用许可，从而排除其他人的竞争，巩固和加强自己的垄断地位的行为。知识产权人对知识产权的独占权是受到知识产权法的保护的，因此反垄断法对其行使拒绝交易权的限制与对市场支配地位企业行使拒绝交易权的限制相比要宽松得多，但仍会进行必要的限制。

对于经营者在行使知识产权过程中无条件地或者非歧视性地单方拒绝许可，反垄断执法机构一般不会认为该行为违反《反垄断法》。但是，反垄断执法机构经过合理分析，可以认定符合下列条件之一的拒绝许可知识产权行为属于滥用市场支配地位行为：①拒绝许可知识产权的经营者具有市场支配地位，并且不平等地、歧视性地拒绝许可其知识产权；②被拒绝许可的知识产权是被许可人参与相关市场竞争的一项必需品，而拒绝许可该知识产权导致被许可人不能在相关市场中进行有效竞争，并且对相关市场中的竞争和创新造成不利影响。

（2）与知识产权相关的搭售行为。与知识产权相关的搭售行为是指权利人就一项知识产权以授予许可等方式行使权利时，违背被许可方的意愿要求其接受另一项知识产权的许可，或者从权利人处或者权利人所指定的第三人处购买商品或服务。搭售行为具有一定的积极影响，如整合资源而促进效率等，但是，搭售行为也会对相关市场的竞争产生或者可能产生不利影响，主要表现为排除了被搭售品市场中其他供应商的交易机会和损害了消费者的选择权。例如，在美国微软垄断案中，对微软在其视窗操作系统中捆绑销售互联网浏览器的行为，美国司法部和联邦地区法院均认为它构成搭售行为。在欧盟微软垄断案中，欧盟委员会裁定，微软公司滥用其在操作系统软件领域的垄断地位，将自己的媒体播放器和视窗操作系统软件捆绑销售，妨碍了正常的市场竞争。

反垄断执法机构在分析搭售对相关市场的竞争产生或者可能产生的影响时，将考虑搭售的目的、搭售品和被搭售品的性质与相互联系、交易习惯、搭售的影响范围和实施搭售者的实际经营能力等因素。对于同时符合下列条件的与知识产权相关的搭售行为，反垄断执法机构可以予以禁止：①知识产权权利人在搭售品市场上具有市场支配地位；②搭售品和被搭售品在性质上和交易习惯上属于两个独立的商品；③搭售对被搭售品市场有实质性影响，将知识产权权利人在搭售品市场的支配地位延伸到被搭售品市场。

（3）差别待遇行为。差别待遇行为是指企业在提供或接受产品或服务时，对不同的客户实行与成本无关的差别待遇。价格歧视行为属于差别待遇行为的一种主要和典型的表现形式，卖方对购买相同等级、相同质量的产品或服务的买方要求支付不同的价格，或者买方对提供相同等级、相同质量的产品或服务的卖方支付不同的价格，如果它们是不正常的、与成本无关的，就会构成反垄断法规制的价格歧视行为。

在知识产权行使中认定差别待遇与其他商品或服务的销售相比，更加困难。与有形商品生产不同，知识产权的成本更加难以衡量。同时，知识产权许可通常是复杂的交易,除权利的授予和支付使用费的义务外,许可中常常包括其他条款,这些不同条款可能使许可使用费或其他许可条件的差异获得正当性。例如,在许可人放弃对被许可人过去侵权行为的请求,或者担保许可标的无侵权瑕疵的情况下,被许可人可能同意支付较高的许可使用费;在许可人将生产许可局限于特定领域的情况下,许可使用费的数额也可能相应降低。这样,判断两个类似的被许可人之间是否存在差别待遇,可能要尽量比较不可比的因素。

(4) 权利回授条款。权利回授条款是指许可合同的被许可方同意将对被授权使用专利的改进返授权给许可方的约定。权利回授条款具有增进效率、促进竞争的作用。首先,权利回授条款可以使权利人获得被许可方通过研发、改进产生的新的知识产权,并获取知识产权未来产生的价值,从而激励权利人通过授权许可使用知识产权。其次,权利回授条款可以作为支付高额许可费的替代,在未来的研发和改进不确定时可以便利许可方与被许可方达成许可协议。最后,权利回授条款与禁止主张权利条款一样,可以降低许可方与被许可方之间的谈判成本,并且鼓励双方就技术研发交换信息,可以打消许可方对被许可方将来通过技术改进设置阻止性专利的顾虑。

但是,权利回授条款也存在具有反竞争效果的可能性,即独占性的权利回授条款使许可方可以获取被许可方研发、改进产生的知识产权,这将降低被许可方进行研发和技术改进的动力。具有市场支配地位的权利人通过独占性权利回授条款不断获得新的专利和改进专利,使权利人将自身的市场支配力延伸到原知识产权的保护期限以后,因此产生了反垄断法对其进行规制的必要性。

(三) 专利联营行为

专利联营也称联合许可,是指两个或两个以上的专利权人将各自拥有的专利联合起来形成一个"专利池",然后进行相互许可或共同许可给第三方的行为。这种专利联营行为会采取不同的形式,既可以是为此目的专门成立的合资公司,也可以是受委托的某一联营成员或者独立的第三方实体来组织联合许可。

专利联营行为形成的原因主要是:①在专利申请前,如果专利是各参与方合作研发产生的,为了考虑各方成员利益分配,或者依据事先合同约定,产品涉及的不同专利分别归各方成员所有。②成员各方为开发市场而联合力量以获取商业利润。③为了解决专利侵权纠纷，或是终结诉讼，以专利授权为和解条件的一部分。专利联营行为在促进互补性技术的一体化、降低交易成本、消除障碍性专利、减少侵权诉讼及其侵权不确定性等方面具有一定的积极作用。但是在某些情况下，专利联营行为也可能具有排除、限制竞争的效果，如专利联营行为往往会对未加入联营的竞争性技术产生不利影响。因此，反垄断法需要对其进行必要的规制。

反垄断执法机构分析专利联营行为对相关市场竞争产生的影响时，应当考虑以下因素：①参与专利联营主体的市场支配地位；②参与专利联营主体的一方具有市场支配地位时，专利联营是否是开放的和非歧视性的；③专利联营是否不合理地封锁第三方的技术或者限制替代性专利联营的建立。具有下列情形之一的专利联营许可协议条款，可能具有排除、限制竞争的效果：①禁止专利权人在联营之外独立许可专利；②强迫被许可人将其改进或研发的非必要专利技术独占性地回授给联营体或许可人；③禁止被许可人质疑联营专利的有效性；④无正当理由，对同一商品市场的被许可人收取不同的许可费用；⑤无正当理由，限制许可人或者被许可人独立或者与第三方联合研发与联营技术相竞争的技术。

第九章　国外中小企业技术创新与知识产权战略及其对我国的启示

第一节　美国中小企业技术创新与知识产权战略

一、美国中小企业技术创新概述

在美国中小企业的发展过程中，政府的中小企业政策决定着中小企业的生存环境，左右着中小企业的发展方向，影响着中小企业的经营水平。美国的中小企业政策是市场主导型政策，强调市场对小企业发展的基础推动作用，突出表现为十分注重市场竞争规则的建设与规范，通过限制市场垄断和解除制约中小企业发展的法规与体制因素来维护公平、自由的市场竞争。同时，在对中小企业采取必要的扶持政策中，也强调必须顺应市场经济的规律，一般不直接介入企业具体的管理、运营事务中去。

（一）美国中小企业是重要的创新主体

虽然美国大型企业在技术创新中具有举足轻重的作用，但中小企业也发挥着特殊的，甚至在一些领域是关键的作用。尤其是20世纪80年代后期以来，由大型企业占据美国经济主导地位的很多产业的竞争力出现了下降趋势，美国中小企业管理局为了测算中小企业在创新方面发挥的作用，改变了传统的按照投入产出比值的投入测算技术创新贡献的方法，而用1982年引入市场的最终创新产品直接测算创新贡献。通过对直接引入市场的创新产品或创新服务贡献测算，发现中小企业在创新方面做出了很大的贡献。研究发现大型企业对创新的贡献并不如人们传统上认为的那样大，甚至出现了产业集中度高反而会阻碍创新进程的问题。相反，拥有熟练劳动力的中小企业在创新潜力比较大的产业具有巨大的优势。事实证明，中小企业在技术创新方面具有很多优势，创新成果也比较多。中小企业技术创新活动更多地接近市场和直接面向消费者，在创新来源、创新方式、创新过程以及创新成果等各个方面呈现出无限的多样性。在美国，中小企业作为新技术的创新者和发明者，在推动国家关键技术的发展和商业化方面发挥了重要作用。

尽管高技术中小企业通过许可协议购买其他企业的创新成果，但绝大部分企业将买回来的成果进一步创新，这是美国中小企业创新的重要特色。如果说创新给美国中小企业带来活力，那么创新活动基本上没有脱离中小企业自身的投入。此外，中小企业还是产品创新和工艺创新的重要应用者。创新技术只有应用到实践中才能变成现实生产力，完成这一过程就是所谓新技术的扩散。新技术扩散途径很多，新技术固化在先进设备后，购买设备实际上也是扩散的重要途径之一。充满活力的美国中小企业通过购买新产品和先进设备，引进新工艺，在产品创新和工艺创新扩散中发挥了重要的作用。正是由于不断创新，许多中小企业获得了竞争优势，市场营利性相对较好，从而使企业获得可持续的发展。

（二）美国中小企业创新政策的特色

立法是保障和促进中小企业健康发展的重要手段，美国已经有较为完善的中小企业的法规体系。如《小企业经济政策法》协调和改善与小企业经济利益有关的联邦机构的工作；《管理灵活法》要求联邦政府对正在草拟和现行的规章制度中可能对大多数小企业产生负面影响的部分，进行分析并采取措施，以减轻小企业的负担；《平等执法法》使小企业在与联邦机构进行行政诉讼时能在诉讼费上得到补偿；《企业出口扩张法》对小企业拓展海外市场提供帮助；《小企业创新法》规定中小企业管理局协调和监督实施小企业创新研究计划；《小企业振兴法》鼓励并促进小企业提高经营管理水平，增强市场竞争力。美国政府还通过政府贷款或担保、政府采购及风险投资建设等财税金融政策来支持小企业发展。美国还在其他方面对中小企业进行支持，如通过信息支持、银行出口信贷支持、提供培训等社会支持。

第九章 国外中小企业技术创新与知识产权战略及其对我国的启示

二、美国中小企业知识产权战略

(一) 美国中小企业重视知识产权战略

美国中小企业视知识产权为一种经营资源,将知识产权战略置于经营战略的重要地位。中小企业根据不同情况,采取了灵活多样的策略,既把知识产权作为商业竞争武器,也把知识产权作为双赢策略的砝码,使知识产权权益得到了较好的体现。美国中小企业通常都拟订详尽的专利申请策略,在保护自己的同时,也给竞争对手设立了种种障碍。在关键技术的核心领域构筑专利防御体系,弥补单纯司法保护的局限性,保持自己的技术优势。此外,普遍重视专利权的运用技巧。知识产权战略在中小企业生产经营中发挥了极为重要的作用,而这与它们适宜的管理机构及有效的知识产权管理是分不开的。美国中小企业在知识产权保护工作专业化、市场化的运作中,面向全社会的经营性的律师事务所承担了中小企业和个人的大部分专利保护工作。

(二) 美国中小企业充分利用专利法,最大限度地限制竞争对手

美国中小企业对于知识产权的保护通常采用两种策略:第一,防御性知识产权策略;第二,进攻性知识产权策略。防御性策略主要在公司内部实行,目的是防止公司本身的原因而导致的知识产权的权利损失。防御性策略主要包括以下政策:制定公司机密的保护政策,包括只有相关人员才能接近公司账户、客户信息等重要文件,废弃文件必须销毁,外来参观者禁止拍照,限制员工进出机密场所等。进攻性知识产权策略主要通过基本专利战略,并布置专利网来巩固其基本专利的独占地位。美国的专利利用率在20%左右,另外的80%主要用于形成专利网占领市场,限制竞争对手的发展。美国中小企业的进攻型知识产权战略也得益于政府在法律法规上的支持。政府通过政治、经济、外交等手段要求其他国家按照美国的专利保护要求保护其竞争优势和经济往来,以实现维护其技术优势和谋取经济利益的目的。同时,美国为了进攻和控制他国市场,达到既垄断技术又限制外国商品进口的目的,极力倡导保护知识产权。通过制定相关法律,限制对专利权的滥用,如反垄断方面的法律。此外,还通过国际条约实施专利战略,如TRIPs协议。美国政府出台政策使专利保护与贸易相联系,以其关税法第三百三十七条款为依据,让国际贸易委员会受理美国企业起诉的专利侵权案,以阻止外国商品进入本国市场。《综合贸易与竞争法》中的特别条款,将专利保护作为美国贸易谈判的非关税障碍的重要一环。

(三) 美国中小企业关注知识产权的运营和扩散

美国政府鼓励中小企业大力发展知识产权贸易战略,以此战略来阻碍其他国家商品进入美国市场,并为美国商品占领国外市场提供方便。其中强调专利与标准的结合,成为知识产权扩散的重要手段。美国将专利制度与技术标准巧妙地结合在一起,使其利用技术优势进而占据知识产权的有利地位。谁掌握了技术标准的制定权,谁就掌握了市场的主动权。因此,美国一些高技术公司常常先把规则性的东西做成国际标准,然后把这种标准性的路径全部设定成专利进行注册,最终占领市场。不仅如此,由于专利与标准的联系日益密切,发达国家和跨国公司都在力求将专利变为标准以获取最大的经济利益。因此,标准化成为专利技术追求的最高形式。而且,发达国家还可以通过控制国际化标准为他国产品的进入设置技术贸易壁垒。美国强调政府对知识产权中标准化制定的介入。但美国人认为美国实施双重的、重叠的乃至支配式的国内知识产权制度容易加重参与者和使用者的成本。这种制度从全球市场挑战考虑是不令人满意的。为迎接这种挑战,美国工业部门政府机构及美国制定标准机构必须采取协调一致的行动,进一步与国际标准化组织、国际电工技术委员会等组织发展新的关系和确立新标准程序。

(四) 加大对中小企业科技创新和技术研发经费的投入额度和强度

美国政府和企业非常重视科技研发,R&D 投入总额长期居世界第一,R&D 投入强度一直在 2.62% ~2.75% 波动。2000 年以来,美国的 R&D 投入强度出现了明显的下降趋势,这主要是美国近年来经济发展速度趋缓的结果。近十年来,美国的 R&D 投入强度一直保持在年均 2.62% 以上,美国的 R&D 投入强度虽不是世界最高的,但是美国 GDP 总额却由 1997 年的 82500 亿美元增长到 2006 年的 131329 亿美元,且位居 OECD 成员国之首,在 R&D 投入强度基本不变的情况下,美国逐年增长的 GDP 总额必然带来 R&D 投入金额的逐年增大,2006 年达到 3440.82 亿美元。

美国研发投入绝对值的增加和强度的稳定,与发明专利申请量和授权量关系密切。根据世界知识产权组织(WIPO)2009 年 6 月发布的统计数据,

2007年世界国内外发明专利申请受理数量排在第一位的国家是美国，受理发明专利申请件数是456154件；2007年世界国内外发明专利授权量排在第二位的国家为美国，授予发明专利157283件；2007年世界国外发明专利授权量排在第一位的国家为美国，授予发明专利77756件。这些发明专利大部分来源于中小企业，也归功于国家的大力投入。

（五）维护发明申请人的利益，改革专利法案

2011年3月8日，美国参议院通过一项法案，对现行专利制度实施重大改革，旨在提高专利审批效率、更好地保护发明创造者权益。一是修改专利审批制度，优化专利质量和有效性。将美国专利商标局对专利审查周期从以前的35个月缩短到20个月，在缩短审查周期的同时提高专利质量。二是增强申请人对审查过程的控制，积极推行各国知识产权管理机构之间工作共享的"三轨审查制"，美国专利商标局设计的"三轨审查制"一旦实行，申请人可提出优先审查申请，从而使最有价值的发明专利投入市场的时间缩短到12个月以内。三是美国专利制度将采用"申请在先"原则，放弃"发明在先"原则。"申请在先"原则程序简便，费用低廉，确保专利制度的效率和确定性。这一系列专利制度的优化与完善大大增加了发明专利的数量，提升了专利创造的质量，从而从整体上完善了美国的知识产权战略。

第二节 日本中小企业技术创新与知识产权战略

一、日本中小企业技术创新概述

"二战"后50多年以来，日本的经济取得了奇迹般的增长，一跃发展成为世界第二科技、经济大国。日本经济从20世纪50年代中期开始进入年增长率平均10%以上的高速增长时代，1970年以后维持年增长率平均5.1%以上的增长，于1966年实现人均国民生产总值突破1000美元。"二战"后日本科技进步成功的主要动力是中小企业和政府之间紧密合作所支撑的活跃的技术创新，开创了日本高增长和高积累的过程，这与日本科技立国的方针和独具特色的创新政策是密不可分的。

(一) 日本中小企业的成长特点

日本中小企业的成长与其发展特性密切相关。首先，中小企业适应市场需求，并按市场方式发展。它们资金需求量小、经济负担轻、人事协调简单，企业运作成本相对大企业较低。其次，中小企业是推广应用新技术的重要力量，在研发、创新、合作和商业化等方面表现突出。在日本全社会重视技术创新的环境下，中小企业也十分重视企业的技术创新和新产品开发。中小企业比大企业更坚持技术和产品的"全新概念"，更善于将研发重点瞄准那些尚无竞争对手但富有潜力的产品和服务项目。

日本的中小企业还积极与大公司、大学以及科研机构形成合作研究机制，注重拓展合作研究的广度，增加应用新技术的数量，这是中小企业不可或缺的成长策略。"二战"后日本的中小企业与大企业之间建立起系列化生产和交易关系，中小企业参与大企业的承包生产，加入大企业的批量化生产的轨道。通过与大企业建立分工合作关系，可以克服由于资金、人才方面的有限性对于技术革新的制约，有助于中小企业提高技术创新能力。

(二) 日本中小企业的创新政策

日本大力加强政府在研究开发中的主导作用。主要表现为：第一，大幅度增加技术投资，特别是政府对研究开发的投资，以带动全社会科技投入的增长；第二，制定和实施一系列重大研究开发计划，为地区开发和未来产业基础结构的建立制定研究开发体系，为工业研究开发和技术推广以及新型发电技术的开发制定了补贴计划；第三，在政府主持下进一步加强企业、大学和政府三位一体的研究开发组织体制，推进大型研究开发项目的合作；第四，加强基础科学研究，在新技术产业化方面发挥更大的创造性，大力培养富有创造力的人才；第五，加强国际合作；第六，进一步完善政府研究开发政策机构。日本科技审议会增设了下属的政策委员会，建立日本关键技术中心、生物技术研究推进机构、医药研究促进基金。在创造性科学技术促进制度下，建立了协调产业、政府和学术界人员之间研究活动的研究体制，确保了终身雇佣和创造性研究活动。

为帮助中小企业进行产品开发研究，日本政府把技术指导员制度和经营指导员制度结合起来，制定了技术指导员制度。技术指导员由大学教授、各类顾问、专业技术人员和经营专家组成，为中小企业提供技术和经营咨询，

第九章 国外中小企业技术创新与知识产权战略及其对我国的启示

支援创新企业，协助企业取得各种国际国内认证等。这些指导所花费的费用由国家和地方政府负担2/3，中小企业只承担1/3。政府出面组织、协调官产学共同攻关，被证明是一种高效率的研究模式。超大规模集成电路、深海探测船、H2型火箭等都是联合研究开发的典型案例。

完善促进技术研究开发的财政金融措施。日本政府制定了间接的财政补贴政策，如促进基础技术开发和为中小企业提供技术基础的税收优惠政策。日本政府建立和实施了面向中小企业的特别信用保证制度，建立了专门为基础教育融资的专门机构。直接补贴主要还是以促进基础研究为目的。此外，日本政府还提供了其他直接的行政支援措施。

为通过不同领域经营资源的融合以开拓新的领域，日本政府开办方便不同行业中小企业交流的"技术交流市场"；设立知识产权中心，促进专利技术的流通和中小企业引进专利技术，完善专利技术流通数据库和专利查阅设施，提高专利技术的有效利用率；派遣专利流通顾问，举办各种专利技术报告会，按不同技术领域提供专利技术介绍；为专利发明者和企业牵线搭桥，提供专利技术查阅服务。

二、日本中小企业的知识产权战略

(一) 日本中小企业的领导具有较强的知识产权意识

对知识产权重视是企业实施知识产权战略的关键。知识产权战略作为日本的一项国策，涉及众多部门，经过这几年的实施，日本社会各界都在积极参与知识产权战略的实施，保护知识产权正在变成日本全社会的行动。日本企业在保护知识产权方面积极出击，如日本三井物产公司最近设立与纳米技术相关的知识产权管理部门，由20名有法律和化学专业知识的人才负责与知识产权有关的业务。另外，日本的律师协会正在讨论建立知识产权价值评估机构，届时不仅企业知识产权受到侵犯时律师辩护要求索赔有据可依，而且企业给个人发明奖励时也能做到心中有数。鼓励成立民营检索机构是一个社会化的重要手段。这说明日本保护知识产权在法律化、制度化和体系化的同时，社会化程度也很高。日本中小企业的知识产权战略的价值定位强调服务于"特色产品"和"高新技术"。实施知识产权战略的另一个关键因素就是区别于其他企业的特点，使企业建立核心竞争的能力。对于企业来讲,重要的是要分析其在生产工艺、产品和产品质量、销售渠道、品牌等方面的能力,才能选择一个优于其他企业的领域,确定企业发展方向。

(二)日本中小企业的知识产权部门参与研发

在许多公司,与公司的研究和开发活动相关的知识产权战略会根据研究和开发的类型是 How to R&D 还是 What to R&D 来进行调整。知识产权部门通过专利检索、专利跟踪来参与研究和开发。通过专利检索,可以得到准确的评估。检索和评估必须是客观的,常常要使用专利管理分析与规划系统(PA TENT MAPS)适当地进行综述,并且要基于对专利检索结果的理解,自然地阐明计划的研究和开发课题相对于现有专利或专利申中请的地位。在许多情况下,上述活动会对专利申请战略和有效利用研究和开发结果的战略提供适当的、有价值的指导。从事制造业的公司通常具有大量的技术含量高的任务,各种各样的问题会对知识产权战略产生影响。从许多计划中选择研究和开发课题,要考虑到基本的因素,如公司的技术能力和潜力,有效的研究和开发资源,地方和国家法律的规定以及潜在市场的需求,还要考虑对现有专利评估后的结果。为了有效地利用研究和开发结果,并防止与相关专利的冲突,需要从专利和其他知识产权的前途出发,评估每个研究和开发的课题。日本中小企业设置知识产权管理部门的主要工作是不断关注更新专利、再评价已有专利和对开发项目最佳保护模式的选择。

(三)日本中小企业重视推进知识产权战略的专业人员的培养和激励

日本中小企业创新的主要资源是研究和开发活动。对于知识产权战略非常重要的是认识到并理解研究和开发的趋势环境。近几年,由于经济发展速度加快,不能在本企业内进行所有的研究和开发,而是在企业之间或企业与科研机构之间进行共同的研究和开发、商业联合以及技术许可,这种情况现在变得越来越普遍,已是不可改变的事实。因此,日本中小企业非常重视合作研发中的知识产权战略管理,通过知识产权制度的运用,有效协调各利益相关者的权益。日本中小企业的知识产权战略关注人才的获得和激励。知识产权战略的推进依靠研发人员和知识产权专业人员的积极参与,并持续不断地拥有合适的人才。为了达到该目的,许多中小企业已

第九章　国外中小企业技术创新与知识产权战略及其对我国的启示

经建立了奖励体系，对发明或重要开发做出突出贡献的研究人员给予荣誉奖励、经济补偿等。在这些体系中，根据从该发明中获得的商业利润，发明人个人能得到一定数量的奖金。这些体系的基本精神是激励发明人在发明及研究和开发活动中的创造力，赋予其成就感，使其对事业全身心地投入。同时，某些激励项目还直接面向知识产权部门的全体员工。为了达到该目的，在法律和专利实践以及其他相关领域的周期性的和连续的培训和教育是非常重要的。

（四）日本中小企业采用综合的知识产权战略

技术比较优势不明显的日本中小企业通常采用防御型知识产权战略。以防御为主的知识产权战略的主要特征是企业善于运用法律提供的便利条件申请大量的外围专利，构建专利网。由于基本发明完成后如果忽视以后的开发，基本专利的权利就会变成孤立状态，会受到改进发明或应用发明的侵入，正是基于这一点，日本技术型中小企业在技术创新能力尚未能与其他同行企业抗衡时，企业技术比较优势不明显阶段，通过申请改进专利、应用专利等外围专利形成专利网，在市场上"钳制"其他企业的基本专利。此外，企业与其他企业进行知识严权战略合作，提高市场竞争力。知识产权战略合作的一个显著特征是实施专利交叉许可战略。专利交叉许可战略的运用，可以使许可双方获得双赢。

对于高新技术领域如半导体、生物技术等，由于日本中小企业拥有较强的竞争力，企业通常采取以进攻为主的知识产权战略。企业通常将研究开发、知识产权战略、生产经营作为企业生产经营整体战略，并把研究开发与知识产权战略紧密结合，作为企业战略的主导战略。通过设立研究机构或与高校、科研院所合作，获取所需的知识产权；利用日本企业的资金优势，通过实施知识产权购买战略，收买小型科技公司，以获取其专利技术；日本中小企业注重知识产权调查战略的运用，侧重于制定研究课题和专利技术开发阶段的专利调查，其目的是通过专利调查，掌握有关领域的技术动向和竞争对手的技术水平，预测有关领域的技术发展趋势，掌握对手申请专利的审查过程和研究防止其权利化，发现易引起是非的专利，以及制定相关对策。因此，调查的内容侧重于技术动向和同族专利调查。日本中小企业还运用知识产权战略实现企业差异化或最优供应商战略。

第三节　韩国中小企业技术创新与知识产权战略

一、韩国中小企业技术创新概述

韩国作为东亚后发国家的典型代表,通过相互关联的支持创新技术产生的投资、政策以及资源投入,使企业获得较强的后发优势。衡量创新能力的重要指标之一是美国专利商标局(USPTO)公布的专利数据。近几年作为创新力量的东亚经济迅速上升,在 USPTO 申请和许可的专利数量取得了显著的进步。1968~2001 年,韩国每年平均在 USPTO 申请的专利数量由 267 件增长到 3113 件,新加坡由 16 件增长到 174 件,中国由 19 件增长到 108 件;专利审批成功率方面,韩国为 56.1%,新加坡为 33.3%,中国为 32.8%。1997~2001 年,韩国以人均每年 6.6 件的专利数被列为第 8 名,而新加坡也是迅速上升;韩国、新加坡、中国等东亚国家表现出世界上最高的年增长率,都超过了每年 20%。这些数据表明这些东亚国家已经开始迅速地从模仿向创新转移,显示着东亚后发国家的创新能力的成长和发展。

韩国在经济发展中也逐步认识到中小企业对市场经济的特殊贡献,正在利用中小企业特有的机动性和灵活性进行技术创新,为建立知识强国发挥重要的作用。

(一) 韩国中小企业成长的特点

20 世纪 60 年代,由于韩国实行以大企业为中心的出口促进政策,所以中小企业在企业数、雇用人数、生产、净增加值等指标上都没有超过大企业增长的一般水平。20 世纪 70 年代,由于政府的重工业扶持政策,大企业的增长趋势仍然持续,但在 70 年代末,随着中小企业参与加工配件及中间产品产业,其净增加值大幅度增长,超过了大企业的增长率。并且从 20 世纪 80 年代开始,为了纠正过去以大企业为主的政策而造成的结构比例失调,韩国政府采取了大力促进中小企业发展的政策,所以制造业中小企业的增长率在所有指标上均超过了大企业。到了 20 世纪 90 年代,这种趋势仍然保持着,尤其是大企业的企业数和雇用人数的增长率分别为 -5.6% 和 -5.8%,呈现

第九章 国外中小企业技术创新与知识产权战略及其对我国的启示

负增长。虽然在韩国的经济发展中,大企业集团对韩国经济的推动发挥了极其重要的作用。但是,这些大企业的发展背景是中小企业,发展基础来自中小企业,中小企业在技术创新、产品创新、产业结构调整乃至现代化大生产中都发挥了不可替代的作用,这一点与我国的基本情况十分相近。为推动中小企业的发展,提高企业研究开发、不断创新的能力,韩国已初步形成了一套促进中小企业发展的法律法规,一套多形式、多层次、多渠道的投融资体系,一套吸引人才、用好人才、防止人才流失的人才使用、激励机制。

(二) 韩国中小企业的创新政策

为了培育中小企业对动态环境的适应能力,加强其竞争的基础能力,韩国政府以促进中小企业的技术开发及结构升级等方法来排除阻碍中小企业发展中的不利因素,政策的重点放在大企业与中小企业间合作关系的改善及中小企业事业领域的保护、中小企业扶持政策的强化及均衡发展的谋求及促进国际化等方面。政策的重点在于挑选具备国际竞争力的企业加以扶持,通过自动化、信息化促进产业结构升级及有力地扶持技术开发和质量提高,并且在引导中小企业与大企业间组成伙伴合作关系的同时,促进中小企业间的竞争。韩国共有12个有关中小企业的法律,包括《中小企业基本法》《关于振兴中小企业及促进商品购买的法律》《中小企业协同组合法》《中小企业创业扶持法》等,还有四个特别法,包括《关于扶持风险企业的特别措施法》等,囊括了推进中小企业发展的扶持政策,包括金融扶持、人力资源扶持、风险企业扶持、技术扶持、销售及出口扶持政策等。

在中小企业的金融扶持方面,政府实行对小企业、创业初期企业、新技术开发企业的直接信用贷款。因为商业银行坚持担保贷款的惯例,所以拥有优秀技术但缺少担保的中小企业得不到商业银行的贷款。政府为了让此类中小企业容易得到商业银行贷款,通过中小企业振兴工团实施了全额信贷,提供扶持出口的金融扶持资金、持有技术商业化资金、个体户扶持资金。在人力资源扶持方面,为了支持中小企业生产方面的人才聘用,政府实施了《外国人产业研修生制度》和《产业技能要员制度》。其中《外国人产业研修生制度》在培训发展中国家工人来韩国学习先进技术方面起了重要作用,也是为了解决中小制造业企业的人才聘用困难的制度。另外,为了解决寻找高级设计师或工程师的困难,让中小企业从技术先进国家聘用此类人才,或者让中小企业把本公司人员派到外国专门进修机构研修而提高他们的技术水平。在风险企业扶持方面，政府推进创业培养政策。创业培养政策是政府为扶持拥有新项目或出众的技术，但缺少商业化能力的准备创业者或初期创业者，在两三年间廉价提供附属于大学及研究所的创业培养中心的厂商和公用设备，以及经营指导、技术、销售策略和中介贷款。这样一来，就能提高中小企业的创业成功率。在技术扶持方面，韩国为了提高中小企业的技术能力，2001 年制定了《中小企业技术革新促进法》，以增强中小企业技术创新的基础。为了使整个政府部门组织起统一的技术创新扶持系统，组成了以 18 个有关部门和 7 个产业界、学术界专家构成的"技术革新推进委员会"，该委员会负责调整每年各部门的技术支援项目。另外，由于最近世界各国实施技术壁垒，特别是技术、环境认证阻碍了中小企业海外市场的开拓，所以，政府对中小企业为获得海外认证所需的费用予以支持（提供需要费用总额的 50%），并由专家组成海外认证扶持体制，代为解决认证申请、产品检验等技术上的困难。在针对中小企业销售和出口扶持方面，主要通过加强政府购买，鼓励开发并使用中小企业之间的共同商标等。

二、韩国中小企业的知识产权战略

（一）政府针对中小企业开展专门的知识产权服务

为提高中小企业的技术创新能力和竞争力，韩国政府在帮助中小企业获取知识产权方面出台一系列措施，专门针对中小企业开展专利服务。第一，大力开展中小企业知识产权普及运动，引导其利用知识产权信息进行技术创新。2000 年，韩国知识产权局在全国 38 座城市举办了关于知识产权信息的巡回讲习班。第二，对中小企业利用专利信息进行指导。近年来，韩国知识产权局专利审查员积极与韩国中小型企业之间建立姊妹关系，以提供关于获取和管理知识产权的实际信息。韩国知识产权局还和韩国专利代理人协会（KPAA）签订商业合作协议，向中小企业免费提供自递交前到注册的专利管理服务，使其能够以一种便利、经济的方式取得专利。第三，为鼓励中小企业创造和取得知识产权，对中小企业申请专利减收费用。中小企业申请专利可减缴 50% 的申请费用，微型企业可减缴 70% 的费用。

（二）韩国中小企业实施灵活的知识产权战略

20 世纪 80 年代中期，韩美之间发生的一系列知识产权争端给韩国企业

第九章　国外中小企业技术创新与知识产权战略及其对我国的启示

造成了危机，韩国政府和企业认识到：实施灵活的专利战略是在激烈的国际技术竞争中取胜的一大关键举措。由于韩国中小企业的技术能力比较弱，因此其专利战略的首要目标是在跨国公司以技术优势为手段的攻势面前保护自己，并尽量引导技术转让。外国公司虽拥有核心专利，但要在一个新市场生产产品，还需要使用一系列配套技术，因此韩国中小企业就采取层层围堵的办法，争取在跨国公司技术含量较高的专利周围编织专利网，申请一系列技术含量较低的配套专利，以此遏制跨国公司垄断市场。这一战略不仅使韩国中小企业防御了外国企业的攻势，也获得了宝贵的时间来提高核心的技术实力，加强韩国专利技术的国际地位。韩国在美国专利商标局的专利批准数迅速从1984年的33件猛增到2003年的4246件。韩国中小企业已经逐步意识到，只有将专利实现了商业化，才能开发出专利技术的经济价值，增加对发明者的经济回报，实现知识产权制度既激励技术创新又促进技术扩散的基本目标。因此，韩国中小企业比较注重加强专利商业化，在政府的《促进技术转让法》的保障下，通过政府设置的知识产权市场和网上专利技术市场的平台进行专利技术的扩散。韩国中小企业还积极运用核心专利技术的购买、许可等知识产权战略。

（三）韩国中小企业在政府援助下积极开展知识产权的海外维权

知识产权海外维权具有丰富的内涵，首先当然是维护权利人的专利、商标、版权知识产权；其次是防止不正当竞争；此外，保护知识产权也意味着维护权利人平等参与市场竞争、反对市场垄断的权利。同时，知识产权海外维权也是一个从采购到销售整个环节的维权行为。韩国专利厅的调查显示，在海外发生知识产权侵权时，在维权的过程中存在诸如诉讼时间长、费用高、信息来源不畅等问题，使中小企业难以积极应对，迫切需要政府部门的援助。

韩国专利厅为了鼓励中小企业在海外发生知识产权侵权纠纷时，积极主动地进行维权，保护本国知识产权在海外免遭侵犯，于2006年1月26日公布了《关于为了保护海外产业财产权提供审判与诉讼费用补贴的规定》（以下简称《诉讼费补贴规定》）。这一项目的主要援助对象是有出口业务的国内中小企业或者个人、在海外投资的中小企业与个人；但是韩国大企业的海外法人不属于援助的范围。当这些企业或者个人的产业财产权在海外遭侵权时，韩国专利厅为它们提供侵权调查费、审判及诉讼费等费用方面的补贴。具体援助项目包括：①已在相关国家注册的产业财产权遭侵权时，以及受相关国家反不正当竞争法保护的权利受到侵权时，对于侵权调查、审判及诉讼为所需费用，专利厅补贴不超过实际所需费用的70%，最高限额为5000万韩元。②注册权利所有人根据韩国国内外已注册权利主张他人在相关国家已注册权利的无效或者取消时所需审判、诉讼费用。韩国专利厅的补贴不超过实际费用的70%，最高限额为1000万韩元。③已在相关国家注册的产业财产权遭侵权时，或者受相关国家反不正当竞争法保护的权利受到侵权时，在启动审判或诉讼之前，要求有关国家行政当局对侵权行为进行调查并采取措施时所需费用也包括在援助范围之内。每起案件援助不超过实际费用的70%，最高不超过500万韩元。

目前，韩国的海外知识产权维权已经形成以企业为主，政府、行业中介等非政府组织和驻外经商机构共同参与的联动机制。并且，从对相关国家的制度研究和海外知识产权侵权现状的调查等基础工作开始，到面向出口主导型企业和海外投资企业的知识产权维权宣传，再到维权一线的法律咨询与援助、费用补贴、侵权调查与查处等，已经形成了完整的系统，并且积累了海外维权的宝贵经验。

第四节 对我国中小企业实施知识产权战略的启示与借鉴

我国中小企业正步入一个新的发展机遇期，并已经成为我国市场经济的重要组成部分。但是，我国中小企业在知识产权战略的运用上才刚刚起步，美国、日本和韩国等国家的中小企业知识产权战略的成功经验和教训，对我国中小企业突破成长瓶颈，规避成长风险，健康、可持续发展具有以下一些启示与借鉴。

一、营造良好的中小企业知识产权战略实施环境

中小企业实施知识产权战略的目的之一就是认清企业的发展空间和状

第九章 国外中小企业技术创新与知识产权战略及其对我国的启示

态,采用适当的知识产权竞争策略来为企业赢得竞争和发展优势。知识产权战略的制定、实施、运用和反馈都是在特定的环境下完成的。因此,营造良好的中小企业知识产权战略的实施环境对中小企业的发展是至关重要的。影响企业知识产权战略实施的环境是多方面的,总体可以归纳为两类:一是企业外部的体制机制环境,表现在政府、中介机构和司法部门、产业组织、行业组织等非政府组织在促进中小企业推进知识产权战略中的政策、制度、法规、规范等的作用;二是企业内部的知识产权管理的体制机制,包括企业的知识产权人员、组织结构、规划和制度等的综合作用。不同的企业内外部环境对中小企业知识产权战略实施的影响也不相同,因此明确企业实施知识产权战略的内外部环境是企业实施知识产权战略的前提。营造良好的中小企业知识产权战略实施环境的关键则要求企业为主体、政府为主导。

从其他国家中小企业实行的知识产权战略来看,完善的知识产权制度对中小企业知识产权战略的成功实施起到了良好的保障作用。政府通过在知识产权战略的推进中发挥着主导功能,通过知识产权制度的运用实现对中小企业的创新激励、资源配置、竞争规范和政府管理。其中知识产权法律体系作为国家的一项重要法律制度,其完善需要政府的引导和推动。虽然近年来,我国政府开始高度重视国家知识产权保护体系的建设,相继出台了《专利法》《商标法》《著作权法》等知识产权保护法,但由于我国知识产权保护起步晚,制度体系要与国家经济状况、产业技术发展水平,以及企业总体创新能力和知识产权工作的现状相匹配,还需要一个时间比较长的完善过程。我国作为发展中国家,虽然目前已形成了包括专利、版权、商标、商业秘密、植物新品种、集成电路布图设计在内的完整的法律体系,但仍需要不断完善现行的知识产权制度,为企业创造良好的法律环境,同时,政府要加强知识产权制度外围环境建设,注重技术政策、科技规划和知识产权保护相结合,促进企业知识产权成果的转化。尤其是我国中小企业在发展过程中也不断出现的海外维权事件,如中国的打火机事件、漏电保护装置的海外维权过程等都需要我国政府借鉴其他国家的先进经验,积极促进中小企业的知识产权战略的健康发展。其中,鼓励知识产权民间组织和中介机构的发展,以协助国家知识产权保护法律政策的实施和指导企业知识产权战略的实施,就显得非常重要和有价值。此外,政府还要不断完善知识产权信息平台,能为企业及时、准确地提供国内外各种知识产权信息，促进中小企业的知识产权预警机制的构建。

随着我国中小企业对知识产权战略的逐步关注，还需要从深层次的观念上认识到，在当代竞争日益激烈的国内外环境下，知识产权对企业而言绝不是可有可无，而是一个关系到企业生存和发展的大事；企业的知识产权问题也不仅是一个"保护"问题，而且是一个"经营"和"战略"问题。树立企业知识产权的战略经营观念，将知识产权与企业产品和技术开发、市场营销等企业经营管理方面的重要问题紧密结合，是推进中小企业知识产权战略实施的基础。中小企业还需要完善内部知识产权管理制度体系。国家知识产权法律调整，对企业而言，是一种"他律式"调整，企业必须要有本身"自律式"调整的制度体系与之相结合，知识产权战略管理才能取得应有的成效。企业内知识产权管理制度体系包括知识产权创造机制、知识产权保护机制、知识产权成果转化机制、知识产权扩散和运用机制等，通过建立相应的制度，形成企业知识产权战略管理综合制度体系。

二、合理选择适合中小企业的知识产权战略

从其他国家中小企业的知识产权战略的分析中可以看出，企业知识产权战略类型非常丰富，每种类型都有其适用的条件，而并非任何企业在任何时候都能使用。因此，中小企业应当在客观分析所处的内外部战略环境的基础上，结合企业所处产业的特点、技术创新水平的高低、知识产权价值的高低，选择与环境和资源匹配的知识产权战略，才能充分发挥知识产权战略的效用，提高企业竞争力。

总体来看，我国中小企业的技术创新能力、专利数量和质量、经济实力尚无法与西方跨国公司抗衡，在专利竞争中地位较弱。因此，我国中小企业的知识产权战略要与技术创新战略、市场创新战略紧密结合，同自主创新和技术引进相结合。由于企业技术能力的提升需要一个较长的过程，所以在中短期内，我国中小企业应注重引进发达国家先进的专利技术，进行吸收、再创新，形成拥有大量外围专利的产品，在国际市场竞争中防御其他国家企业的进攻；而在中长期内，企业更应注重自主创新能力的提高，通过加大科研投入，与高校、科研院所合作等方式提高自主创新能力。

第九章 国外中小企业技术创新与知识产权战略及其对我国的启示

中小企业还可以通过加强产学研合，开展专利技术合作，形成专利技术联盟。例如，目前我国生物技术专利的研发主体主要是大专院校和科研院所，但大专院校和科研院所的生物授权专利的实施率却是最低的。这说明科研院所和大专院校需要解决授权专利的市场化的运作，尤其是促进发明专利成果的转化。但同时，如果企业不能成为技术创新的主体，则生物技术知识产权的市场化的运作也好比是无本之木、无水之源。随着人类基因组计划的逐步实现与后基因组学的逐渐展开，生命科学和生物技术产业已经变得密不可分了。在此过程中，生物技术产业要获得健康良好的发展，就有必要和生物科技界进行密切的合作，通过借助科技界的智力和产业界的财力求得稳定发展。由此可见，在当今开放式创新的背景下，产学研合作研发是提升技术创新效率的一种有效方法，大力推动产学研合作研发是技术发展的重要趋势。在产学研过程中产生的知识产权保护和管理问题也是新问题，如何协调合作各方的利益关系，需要利用相关的知识产权法、合同法等来理顺合作各方的权利与义务，规范各方的权限与责任，以保证合作顺利进行。因此，关注产学研合作中的知识战略也是当下中小企业知识产权战略研究的重要方向之一。

中小企业实施的综合的知识产权战略还包括知识产权与企业知识产权资源在促进企业经济增长和资源优化配置方面的作用，与企业产权结构、产业结构的调整是协同进行的，这主要表现在创造各品牌产品上。品牌产品不仅是企业分化与组合的主导因素，也是优化资源配置的重要手段。创品牌产品正是企业实施知识产权战略的目标之一。品牌产品是企业长期经营的结果，其背后意味着企业有着良好的信誉、技术实力和管理能力。以品牌产品为龙头的现代企业集团，在实现资产重组过程中，低效率资源以各种方式步入效率高、科技实力强的企业，新的社会投资也逐渐向品牌优势企业集中，这样就实现了企业资源优化配置。企业集约经营是当代企业发展的一个重要特点。从本质上讲，企业集约经营是以企业技术创新、技术进步为基础的。在当代，技术对经济增长的贡献已取代劳动力和资本成为首要因素。企业实现经济增长方式的这种变化，不是一蹴而就的，它涉及企业技术创新、提高产品质量与经济效益等重大问题，而这些因素都与企业实施知识产权战略有内在联系。

三、构建中小企业的知识产权战略管理体系

可借鉴国家的知识产权战略成功运用除了有良好的知识产权外部环境，企业自身的知识产权战略管理体系是知识产权战略成功推进的重要保证。外部环境的不可预测性为企业知识产权战略带来无法回避的风险，环境的风险性要求企业知识产权战略的运行必须要有相应的自适应机制来及时转移、分散、减少风险。构建企业知识产权战略管理支撑体系的目的是形成与战略环境相结合的自适应机制，确保企业知识产权战略的实施，提高企业竞争力。企业知识产权战略管理体系的构建是一个复杂的系统工程，与企业的竞争战略、技术创新战略、市场创新战略和技术标准战略紧密结合，协同发展。

我国中小企业知识产权战略的推进刚刚处于起步阶段，对于如何能够优化知识产权战略以适应中小企业的内外部战略环境，如何与企业自身的竞争战略相适应，是中小企业推进知识产权战略进程必须系统解决的核心问题。尽管目前中小企业在技术进步和知识产权保护方面有了很大的发展，但自主知识产权和关键技术拥有量太少，以及知识产权战略管理体系不尽完善是摆在面前的现实性问题。很多中小企业仍然没有真正认识到拥有强大的知识产权是关系到企业兴衰成败的大事，更没有将知识产权问题摆到企业经营管理和发展战略的位置，这就不可避免地在知识产权战略管理和知识产权战略运用上感到十分生疏。即使一些重视知识产权的中小企业，也往往注重的是知识产权的静态归属和产权，而忽视了其动态运营和优化，知识产权战略的实战经验更是缺乏。忽视以及不善于利用知识产权战略的这种局面如不迅速改变，面对21世纪知识经济的挑战，面对我国已加入世界贸易组织后的新形势，许多企业将难以在未来激烈的市场竞争中立足。

现有实践的局限与不足主要表现在以下两个方面：一是缺乏对企业知识产权战略模式选择的可操作性指导，大部分研究成果都是基于对国外各种知识产权战略的分类和总结，或是集中在个别产业上的个案研究，所涉及的企业知识产权战略类型种类繁多，而企业却犹如"雾里看花"，对企业知识产权战略模式的选择缺乏可操作性的指导。二是缺乏对企业知识产权战略制定问题的差异化研究，大部分研究缺乏对中国企业所处的内外部环境影响因素的系统研究，忽视了不同产业类型、技术创新层次的差异对企业知识产权战

第九章　国外中小企业技术创新与知识产权战略及其对我国的启示

略选择的影响。

对上述问题的应对和解决直接落在自主创新和知识产权战略两大关键发展要素上。自主创新和知识产权战略两者之间又是相互联系和互相促进的，自主创新是知识产权战略的出发点和根本目的，知识产权战略则为自主创新提供扎实的运行基础和动力，只有通过完善的知识产权战略管理体系，自主创新才能具有更好的投入激励机制，才能更好地将科技研究成果转化为市场经济的发展力量。

第十章　我国知识产权战略公共政策的完善

知识产权战略公共政策主要是与知识产权保护、产业化紧密相关的国家政策，主要包括文化教育政策、科学技术政策、产业经济政策、对外贸易政策等。

第一节　文化政策

一、文化事业的发展规划与知识产权战略

在制定文化政策时，采用知识产权的保护方式保存我国现有的大量优秀的历史文化遗产，促进"口头和非物质文化遗产"的法律保护。同时，对民族民间文化资源积极予以保护与开发，协调不同地区间文化事业发展的重点，利用知识产权制度建构历史文化保护与资源合理开发的战略规划，加快相关文化事业的立法工作。

二、文化产业规划与知识产权战略

文化产品的产业化是以文化产品的权利化为核心，以市场调节为手段的改革过程，将文学艺术等形式推向市场。文化产品的特殊形式就使知识产权保护成为其进行产业化和市场化开发的前提条件。知识产权制度的有效介入保障了文化产业有序、健康、持续的发展，应当尽快完善文化产业知识产权登记制度和相应的执法体系，加强重点文化产品和形式的知识产权保护力度。

三、文化市场发展规划与知识产权战略

文化市场的有序健康发展是建立在良好的产权交易市场竞争环境、健康的文化市场竞争环境以及有序的多层次市场发展环境的基础之上的。在此要求下，应当加快文化市场知识产权执法体系的现代化、层次化、网络化的建设，维护文化市场的发展，从而以市场形式优化文化艺术资源配置，加快所有制结构的改革，逐渐形成以国有文化单位为骨干，多种所有制文化单位并存、竞争的文化发展新局面。制定和完善支持民族产业发展的政策、积极运用高新科技改造提升传统文化产业，开发新兴文化产业。

四、公益性文化政策与知识产权战略

在发展公益性社会文化事业的同时，必须加强知识产权相关政策法规的建设，为我国文化信息资源共享工程提供法律保障。出台相关法律法规，在注重知识产权保护的前提下，运用知识产权规则保障公益性文化事业，实现社会文化与知识产权保护的和谐发展。

第二节 教育政策

教育政策在很大程度上实际影响到知识产权战略的落实与持续发展。具体而言，与知识产权相关的教育政策主要包括高等学校的知识产权促进与管理政策、知识产权人才培养政策。

一、高等学校知识产权促进与管理政策

针对目前的知识产权保护状况，应当加大高校的科研投入，拓宽投入的范围和途径，鼓励高校研究人员与研究机构加强科学研究，提高专利申请量。明确相关知识产权的归属与管理方式，改变原有单一的高校知识产权权属形式，开展多层次、多步骤的知识产权管理与促进工作。不但要强调高等学校自身知识产权的系统管理，同时也要注重科研人员配套奖励机制的建立。建立多元的知识产权促进政策，统一高等学校知识产权评价与考核机

制,将知识产权促进和保护工作的绩效纳入学校和教师综合考察的范围。推进高校知识产权管理工作,鼓励在读硕士生、博士生申请专利,促进知识产权管理示范学校建设,加强高校的知识产权教育。

二、知识产权人才培养政策

从初等教育、中等教育到高等教育应探索一套加强创新型教育的模式和方法,推进素质教育的发展。在初等教育、中等教育和高等教育中开设知识产权相应的普及课程。设立以知识产权教学和科研为核心的专门机构。在非法学学科专业中开展多层次知识产权法学专门教育,鼓励高校开展多层次、多形式的知识产权非学历教育。

第三节 科技政策

一、科技投入政策与知识产权战略

研发投入作为科技投入政策的核心内容,应以多层次、大范围的国家科技计划为主要表现形式。运用经济杠杆和知识产权等相关政策手段,引导、鼓励各类企业增加科技投入,使其逐步成为科技投入的主体。与技术引进、技术改造经费相配套,将一定数量的资金用于技术创新工作。保持知识产权创新战略的长期性、持续性。

继续拓宽科技金融资金渠道,大幅度增加科技贷款规模。国家政策性银行要增加科技信贷规模,对综合性的高技术重大工程项目给予重点支持。金融机构要支持科技事业的发展。发展科技风险投资事业,建立科技风险投资机制,并且建立健全与之相适应的知识产权交易与保护机制。积极吸收海内外资金支持科技事业。

同时,应加强国家科技计划的知识产权管理。对国家科技计划的知识产权管理提出明确具体的要求,确立有利于国家科技计划项目成果转化的知识产权归属政策,明确国家科技规划管理各环节的知识产权管理内容和科技规划组织实施者的知识产权管理义务。

二、自主创新政策与知识产权战略

我国提出建设创新型国家的战略目标，其核心就是将增强自主创新能力作为发展科学技术的战略基点，走出中国特色自主创新道路，推动科学技术的跨越式发展。知识产权的开发、利用与保护在建设创新型国家的过程中必将发挥举足轻重的作用。

尽快完善相关政策的协调，以知识产权战略的制定与实施为契机，建立健全与之配套的保障和促进创新的知识产权策略法规；调整创新相关的知识产权管理体制，强化知识产权的现代化与网络化管理与高效利用；建立以鼓励自主创新为主要内容的奖励激励机制，将知识产权与科技奖励相协调，将市场激励与政府奖励相结合，塑造良好的科技创新激励环境；在加强自主创新能力宣传的同时，强化自主创新的知识产权意识，大幅提高我国科技领域知识产权保护与利用的水平。加强科技立法和执法工作，制定和完善相关的法律法规，强化科技法律法规的实施；依法保护知识产权，保护科研机构、科技人员、发明创造者的合法权益不受侵犯，依法惩处各种形式的侵犯知识产权的违法行为，使科技工作沿着法制的轨道有序地进行。

第四节 产业政策

一、高科技产业促进政策与知识产权战略

国家产业政策和发展规划要把发展高技术产业摆到优先位置，在财税、信贷和采购等政策上给予重点扶持。要努力提高国产高技术产品的性能、质量和市场竞争力，提高高技术产业的规模效益和在国民经济中的比重，使一些高技术产业逐步成为国民经济的支柱产业。

在高科技产业促进政策中，高科技的知识产权申请、管理与利用制度应与财税、信贷等政策置于同等重要的地位。行业、企业知识产权战略的实施与知识产权在相关产业上的产业促进政策紧密相连。各级政府部门应推动与本行业、本地区科技、经济发展状况相适应的高科技产业，特别是拥有自主

知识产权与核心技术的高科技产业。

国家高新技术产业开发区是培育和发展高技术产业的重要基地，国家应适当给予优惠政策，在开发区建立良好的管理和运行机制，区内企业要率先建立现代企业制度。重点塑造一批掌握知识产权、拥有自主开发能力和市场竞争力强的大型高技术企业或企业集团。

国家继续组织实施高技术研究发展计划，遴选一批重点课题，组织以中青年人才为骨干的精锐队伍，加强集成和协调攻关，力求取得重大突破和创新。要在电子信息、生物、新材料、新能源、航天、海洋等重要领域接近或达到世界先进水平，形成自主知识产权和自主品牌，在世界高技术的若干重要领域占据一席之地。

二、对外贸易政策与知识产权战略

实施知识产权兴贸工程，加强知识产权对我国外贸发展的促进作用，是我国知识产权战略的重要组成部分，也是今后一个时期国家知识产权管理部门、科技管理部门和商务管理部门共同的战略重点。

知识产权兴贸工程主要包括如下五个方面：

（1）以自主知识产权培育工程为基础。自主知识产权的培育不仅是科技发展的重点，也是产业发展和对外贸易的基础。建立国家科技计划成果知识产权预案制度，加强科技计划成果的知识产权化；建立企业知识产权咨询服务机制，解决企业知识产权信息不畅问题；建立重大科技成果知识产权查询咨询制度，促进产业技术进步。

（2）重点实施自主知识产权基地工程。出口基地既是企业、技术、人才密集地区，也是技术创新基地和专利等知识产权的主要产生地。以市场化手段鼓励出口基地及企业主动成为示范标杆，成为知识产权兴贸工程的重点实施单位。创造基地良好环境，完善知识产权服务体系；扶持中小企业，建立自主知识产权专项资金；发挥示范作用，加强基地的知识产权应用于实施。

（3）以自主品牌工程为窗口。自主品牌是国家和企业的核心竞争力。做强自主品牌是我国企业面临的重要历史机遇。加强自主品牌的培育，提高品牌的国际竞争力；支持企业知识产权联盟，围建专利池；树立品牌形象，深入参与国际竞争。

第十章　我国知识产权战略公共政策的完善

（4）以知识产权人才培育工程为支撑。必须加强行业知识产权战略研究，培育行业知识产权战略人才；提高科学决策意识；培育知识产权管理人才；加快"走出去"步伐，培育知识产权谈判人才；提高知识产权和中介服务水平，培育知识产权专业咨询人才。

（5）以知识产权维权工程为保障。建立行业知识产权纠纷应对机制，提高知识产权纠纷法律支援能力。建立与外商投资企业的知识产权保护沟通机制，将有助于加强同主要国家知识产权的对话与沟通，听取外商投资企业在打击专利侵权、保护知识产权等方面的意见和建议，为知识产权兴贸工程提供保障。

参考文献

［1］尤立群. 管理学［M］.杭州：浙江大学出版社，2009.

［2］熊彼特. 经济发展理论［M］.北京：商务印书馆，1990.

［3］吴敬琏. 企业创新，重在提高效率［J］.新经济导刊，2012（8）.

［4］林汉川. 中小企业战略管理［M］.北京：对外经济贸易大学出版社，2006.

［5］陈九龙. 论发明创造的途径和方法［J］.自然辩证法研究，2002（1）：13－15.

［6］柳御林.21 世纪的中国技术创新系统［M］.北京：北京大学出版社，2000.

［7］中国国际竞争力发展报告（1999）——科技竞争力主题研究［M］.北京：中国人民大学出版社，1999.

［8］李仁. 创新时速与竞争之道［M］.北京：中华工商联合出版社，2001.

［9］李成勋.2020 年的中国——对未来经济技术社会文化生态环境的展望［M］.北京：人民出版社，1999.

［10］翟雪焕，原国栋. 论中小企业技术创新战略［J］.商场现代化，2008（36）.

［11］樊建锋. 论中小企业的技术创新战略［J］.五邑大学学报（社会科学版），2006（1）.

［12］李冬，邳建春. 中小企业技术创新战略［J］.时代经贸，2007（S9）.

［13］贺彩萍. 技术创新与中小企业发展的若干思考［J］.北方经济，2005（16）.

参考文献

[14] 嘉星. 论中小企业技术创新战略 [J]. 现代管理学科, 2004 (8).

[15] 姚明明, 吴晓波, 石涌江等. 技术追赶视角下商业模式设计与技术创新战略的匹配——一个多案例研究 [J]. 管理世界, 2014, 10: 149-162+188.

[16] 付苗, 张雷勇, 冯锋. 产业技术创新战略联盟组织模式研究——以TD产业技术创新战略联盟为例 [J]. 科学学与科学技术管理, 2013, 1: 31-38.

[17] 潘东华, 孙晨. 产业技术创新战略联盟创新绩效评价 [J]. 科研管理, 2013, S1: 296-301.

[18] 廖媛红. 企业技术创新战略框架的研究 [J]. 科技进步与对策, 2009, 6: 85-88.

[19] 李雪, 李菁华. 产学研联合的深化：产业技术创新战略联盟研究 [J]. 科学管理研究, 2008, 1: 45-48.

[20] 黄国群. 企业知识产权管理系统及其优化策略研究 [J]. 情报杂志, 2011, 12: 108-113.

[21] 余薇, 秦英. 科技型企业知识产权质押融资模式研究——以南昌市知识产权质押贷款试点为例 [J]. 企业经济, 2013, 6: 170-173.

[22] 冯晓青. 企业知识产权运营管理研究 [J]. 当代经济管理, 2012, 10: 89-93.

[23] 徐新. 高新技术企业知识产权管理框架探析 [J]. 特区经济, 2007, 7: 223-224.

[24] 代碧波. 构建我国企业知识产权体系的对策研究 [J]. 商业经济, 2010, 11: 5-6.

[25] 冯晓青. 企业知识产权管理基本问题研究 [J]. 湖南社会科学, 2010, 4: 54-58.

[26] 李雁行, 王志国. 网络经济时代的企业知识产权管理 [J]. 现代情报, 2006, 8: 195-196+205.

[27] 张永强. 专利管理模组化之研究与探讨 [D]. 东吴大学博士学位论文, 2005.

[28] 王海英. 我国民营科技企业知识产权管理战略研究 [J]. 中国软科学, 2004 (9): 99 - 104.

[29] 段瑞春. 创新型企业知识产权与品牌战略 [J]. 中国软科学, 2005 (12): 1 - 5.

[30] 黄庆, 曹津燕. 专利评价指标体系 [J]. 知识产权, 2004 (5): 25 - 28.

[31] 莫守忠. 企业知识产权绩效管理诊断模型的研究 [J]. 知识产权, 2006 (1): 43 - 45.

[32] 刘子玲, 刘建生. 国有高新技术企业核心资源安全策略研究 [J]. 中国安全科学学报, 2007 (4): 95 - 99.

[33] 冯晓青. 技术创新、知识产权战略模式的互动关系探析 [J]. 知识产权, 2014, 4: 3 - 14.

[34] 冯晓青. 企业知识产权战略、市场竞争优势与自主创新能力培养研究 [J]. 中国政法大学学报, 2012, 2: 32 - 46 + 159.

[35] 周英男, 杜鸿雁. 企业技术创新过程中的知识产权战略选择模型 [J]. 科学学研究, 2007, S2: 455 - 459.

[36] 朱婀丹. 我国中小企业知识产权战略模式选择 [J]. 山西科技, 2006, 2: 24 - 25.

[37] 翁建兴, 罗建华. 企业知识产权战略模式和类型的选择——基于 SWOT 分析法和战略聚类模型的理论分析 [J]. 科技管理研究, 2006, 7: 168 - 170.

[38] 孙伟, 姜彦福. 企业知识产权战略选择模型构建与实证研究 [J]. 科学学研究, 2009, 8: 1191 - 1197 + 1205.

[39] 黄微, 王琳娜, 孙骞. 我国企业知识产权战略研究述评 [J]. 情报科学, 2009, 8: 1265 - 1268.

[40] 冯晓青. 企业知识产权战略 [M]. 北京: 知识产权出版社, 2001.

[41] 孟凡麟. 对加入 WTO 后我国知识产权保护的思考 [J]. 山东社会科学, 2002 (5).

[42] 马彬. 发挥知识产权魔杖的威力 [J]. 中国中小企业, 2004 (3).

[43] 范德成. 我国企业知识产权管理中存在的问题及其对策分析 [J].

商业研究，2004（5）.

[44] 冯晓青. 国家知识产权战略视野下我国企业知识产权战略实施研究 [J]. 湖南大学学报（社会科学版），2010，1：116-123.

[45] 冯晓青. 企业知识产权战略管理研究——以战略管理过程为视角 [J]. 科技与法律，2008，5：51-55.

[46] 夏玮，刘晓海. 中小企业知识产权使用情况分析与政策建议——从中小企业创新现状、分类与模式的角度 [J]. 科学学与科学技术管理，2010，6：148-152+193.

[47] 徐斐，尹碧涛. 中小企业知识产权的 SWOT 分析与战略思考 [J]. 科技与管理，2005，5：100-102+105.

[48] 王黎莹，陈劲. 技术标准战略、知识产权战略与技术创新协同发展关系研究 [J]. 世界标准信息，2005（5）.

[49] 蔡富有，杜基尔，蒯辙等. 建设创新型国家与知识产权战略 [M]. 北京：中国经济出版社，2008.

[50] 上海电气科学研究所（集团）有限公司. 实施知识产权战略构建创新型企业集团 [J]. 上海企业，2006（5）.

[51] 华鹰. 企业技术创新中的技术标准战略——以专利与技术标准相结合为视角 [J]. 中国科技论坛，2009（10）.

[52] 冯晓青，邵冲. 中国知识产权行政管理及市场规制的完善研究 [J]. 中国市场，2012（20）.

[53] 李慧，师洪波. 专利情报分析在科研项目立项中的应用研究 [J]. 图书馆学研究（理论版），2011.

[54] 杨铁军. 专利分析务实手册 [M]. 北京：知识产权出版社，2012.

[55] 李凤荣，马丽伟. 专利文献对高校教师教科研的作用 [J]. 长春工业大学学报（高校研究版），2012（2）.

[56] 瞿丽曼. 利用专利地图提升企业自主研发能力研究 [J]. 图书情报工作，2010（20）.

[57] 林被甸，张其苏. 中文核心期刊要目总览（第2版）[M]. 北京：北京大学出版社，1996.

[58] 戴龙基，张其苏，蔡蓉华. 中文核心期刊要目总览（第3版）

[M]．北京：北京大学出版社，2000．

[59] 戴龙基，蔡蓉华．中文核心期刊要目总览（第4版)[M]．北京：北京大学出版社，2004．

[60] 王芳．中文学术期刊订购质量的评价：工具与实践［J].图书馆理论与实践，2005（2）：34-36．

[61] 黄红梅．论核心期刊泛化的负效应［J］．江汉大学学报（人文科学版)，2003（3）：103-106．

[62] 李庆，张祖尧．关于《中文核心期刊要目总览》再版的若干思考[J].科技与出版，2003（4）：8-9．

[63] 马爱芳，马天云．《中文核心期刊要目总览》科研绩效评价功能的探讨［J].情报杂志，2000，19（4）：80-82．

[64] 张玮．论专利权侵权救济途径［J].中国商界（下半月），2008，4：182．

[65] 朱雪忠，陈荣秋，柳福东．专利权的闲置及其对策［J].研究与发展管理，2000，3：39-42+63．

[66] 李娟．企业商标权的保护策略［J].创新科技，2007，10：54-55．

[67] 杨明．试论反不正当竞争法对知识产权的兜底保护［J].法商研究，2003，3：119-128．

[68] 王名湖．反不正当竞争法概论［M].北京：中国检察出版社，1994．

[69] 孟雁北．反垄断法［M].北京：北京大学出版社，2011．

[70] 王黎萤．中小企业知识产权战略与方法［M].北京：知识产权出版社，2010．

[71] 华鹰，华劼．中美知识产权战略比较研究［J].科技与经济，2012，5：41-45．

[72] 张勤，朱雪忠．知识产权制度战略化问题研究［M].北京：北京大学出版社，2010．

[73] 中国科学院．美国知识产权战略的特点及启示［J].中国发明与专利，2009，2：34-36．

[74] 杨书臣．日本知识产权战略浅析［J].日本问题研究，2004，2：

7-12.

[75] 曾珠. 从比较优势、竞争优势到知识优势——日本知识产权战略对我国的启示 [J]. 经济管理, 2009, 1: 146-151.

[76] 王绍媛. 日本知识产权战略特点与借鉴 [J]. 现代日本经济, 2009, 6: 40-44.

[77] 朱国华, 倪天伶. 韩国知识产权战略与经济发展探析 [J]. 中国高校科技与产业化, 2008, 11: 25-27.

[78] 冯晓青. 美、日、韩知识产权战略之探讨 [J]. 黑龙江社会科学, 2007, 6: 157-161.

[79] 左中梅等. 中日韩知识产权战略比较研究 [J]. 学术界, 2011, 1: 214-222+288-289+284.